Franz Werfel

**mit Selbstzeugnissen
und Bilddokumenten
dargestellt von
Norbert Abels**

Rowohlt

Dieser Band wurde eigens für «rowohlts monographien» geschrieben
Den Anhang besorgte der Autor
Herausgeber: Wolfgang Müller
Redaktion: Uwe Naumann
Redaktionsassistenz: Katrin Finkemeier
Umschlagentwurf: Werner Rebhuhn
Vorderseite: Um 1930 (Foto: Trude Geiringer)
Rückseite: Umschlagzeichnung von Kurt Szafranski
(Schiller-Nationalmuseum, Marbach)

Veröffentlicht im Rowohlt Taschenbuch Verlag GmbH,
Reinbek bei Hamburg, August 1990
Copyright © 1990 by Rowohlt Taschenbuch Verlag GmbH,
Reinbek bei Hamburg
Alle Rechte an dieser Ausgabe vorbehalten
Satz Times (Linotronic 500)
Gesamtherstellung Clausen & Bosse, Leck
Printed in Germany
1080-ISBN 3 499 50472 3

Inhalt

Franz Werfel. Fotografie von Hugo Erfurth, um 1918

Jugend in Prag

Fremde sind wir auf der Erde alle, / Und es stirbt, womit wir uns verbinden, so lautet der Anfang von einem der schönsten Gedichte Franz Werfels. Fremdheit als Daseinsbestimmung gilt für den Menschen und seine Werke gleichermaßen. Auch *der Schlag des Herzens – Bewußt noch im Schlaf lauscht mein Herz seinem Klopfen –* ist nur geliehen. Nicht *der Schöpfung heimatlich vertraut*, sondern *fremd, so urfremd, daß mir graut*, steht das Ich im All.[1]*

Fremdheit ist das zentrale Motiv im Werk Werfels. Ins Metaphysische erhoben, hat es dennoch seine Wurzeln in der Erfahrung. Das Erbteil aller nichtslawischen, zumal jüdischen Prager sei allemal *doppelte und dreifache Heimatlosigkeit*. In Prag vermischt sich, wie nirgendwo sonst in der österreichisch-ungarischen Monarchie, die Fremdheit mit dem Untergangsgefühl. Proportional zum Übergang der provinziellen deutschen Literaten Prags zu einer Literatur von Weltbedeutung vollzieht sich das Bewußtsein des drohenden Endes der alten Welt und ihrer porösen Werteskala. An einem schönen Spätfrühlingstag im Jahre 1914, kurz vor dem tatsächlichen Untergang, trifft Franz Kafka seinen alten Freund Werfel auf der Straße und sagt: «Franz, merkst du nicht auch, daß das alles bald vorbei ist? Das sind keine Menschen mehr, nur noch Gespenster, sie wissen's nur nicht.»[2]

Praha, die Kreuzung inmitten Europas, von durchwandernden Armeen und Kaufleuten, Gelehrten und Mystikern immer wieder aufgesucht, kann nur ein transitorischer Ort sein. Von den vier großen deutschen Prager Dichtern – Kafka, Kisch, Rilke und Werfel – ist Kafka der einzige, der die Fremdheits- und Untergangsphänomene nicht konsequent mit der Entfernung aus Prag quittiert. Als er, endlich doch vom «Lebensstrom»[3] ergriffen, die Stadt verlassen will, ist er bereits vom Tode gezeichnet. Die anderen drei Prager bereisen, aus ganz unterschiedlichen Gründen, die Kontinente der Welt. Prag ist ein Potemkinsches Dorf, ein Schattenreich. In einem Interview mit dem «Prager Tageblatt» sagt Werfel: *Für den Nichttschechen, so scheint es mir, hat diese Stadt keine Wirklichkeit, sie ist ihm ein Tagtraum, der kein Erlebnis gibt, ein lähmendes*

---

* Die hochgestellten Ziffern verweisen auf die Anmerkungen S. 143f.

Prag, September 1890: Blick auf den Hradschin und die vom Hochwasser zerstörte Karlsbrücke

Ghetto, ohne auch nur die armen Lebensbeziehungen des Ghetto zu haben, eine dumpfe Welt, aus der keine oder falsche Aktivität herkommt. Prag kann man nur als einen Drogenrausch, als eine Fata Morgana des Lebens ertragen.[4]

Weil Prag eine Kreuzung, ein Schnittpunkt und eine Schwelle ist, wird der Bahnhof zur Daseinsmetapher bei Werfel. Die Eisenbahn sei «ein ganz früher Kindheitseindruck»[5] gewesen, erinnert sich die Mutter. *Ja, wir sind Kinder der Eisenbahn per saecula saeculorum, und weiter werden wir's nicht bringen. Dort, der Dreijährige, der ich bin, starrt noch immer zum Viadukt empor und ruft in der Zullersprache der dampfenden Lokomotive begeistert zu: «Machina!»*[6] Direkt gegenüber der Wohnung in der «Reitergasse» der Prager Neustadt, in der Werfel in der Nacht des 10. September 1890 geboren wird, liegt – Verkörperung der Fremdheit – der gelbliche Staatsbahnhof, wo die riesigen Räder der Lokomotiven sich drehen und der lärmend ausgestoßene Rauch an der gewölbten schmutzigen Decke haftenbleibt. Auch der «Untergang» meldet sich beizeiten. Werfel wird geboren, als gerade ein Hochwasser die ufernahen Stadtteile überschwemmt, die Synagogen der Josephstadt müssen ausgepumpt werden. Die steinernen Heiligen der zerbrochenen Karlsbrücke stürzen ins Wasser. Die leergebliebenen Standplätze werden den Kindern später gezeigt und erklärt. Es dauerte dann «lange Jahre, bevor neue Heilige an ihrer Statt dort aufgestellt»[7] werden. *O Traum, den viele Kindernächte trugen, / O Traum der Brücke, die inmitten brach*[8], heißt es rückblickend in den nach Dantes Vorbild geschriebenen Terzinen aus dem Ersten Weltkrieg.

Meine Vorfahren gehören der deutschböhmischen Judengemeinschaft an, notieren die ersten Zeilen einer kurzen autobiographischen Skizze.[9] Carl Werfel, ein entfernter Verwandter der Familie und Oberbeamter der Böhmischen Escomptebank, hat herausgefunden, daß die Familie «Würfel», «Wörfel» und «Werfel» seit über dreihundert Jahren in Nordböhmen ansässig ist. Ein von Rudolf Werfel, dem Vater des Dichters, 1920 erhaltenes Zeugnis der Kultusgemeinde Böhmisch-Leipa besagt jedenfalls, daß der 1728 geborene Abraham Wörfel der erste gewesen ist, der den Familiennamen in Werfel umänderte, wobei es dann blieb.[10] Dem Sohn Gottlieb Werfel, «seinem Stande nach Schutzjud»[11], folgt 1794 Franz Werfels Urgroßvater Judah Werfel, dem man – der damaligen Bürokratie gemäß – eigens das Recht auf die Gründung einer Familie attestiert. Judahs Frau trägt den Namen Maria. Für die Steuer zur Heiratsbewilligung nach dem jüdischen Steuerpatent muß er eine Hypothek auf die Hälfte seines Hauses aufnehmen. Als «Stabsfurier der Napoleonischen Armee auf dem russischen Feldzug»[12] wird der knapp zwanzigjährige assimilierte Jude dort mit gemischten Gefühlen die jüdischen Gemeinden betrachtet haben, die den Zaren unterstützen, wenn nicht gar für ihn kämpfen. Der Sohn Nathan, im Mai 1828 geboren, wird Geschäftsmann in Böhmisch-Leitha. Später siedelt er sich im mittelböhmischen Jungbunzlau an und heiratet die theaterbegeisterte Pragerin Amalia Elbogen, die sich im greisen Alter noch einen Parkettsitz in der Oper hält. Franz Werfels Vater Rudolf kommt in dieser Stadt, dem einstigen Zentrum der Böhmischen Brüder-Unität, am 21. September 1857 zur Welt. Um 1860 zieht die Familie nach Prag. Dem Sohn, den Nathan auf eine bayrische Internatsschule schickt, hinterläßt er bei seinem Tod nur die Schulden aus dem Bankrott seines Geschäfts. Mit zähem Fleiß kämpft Rudolf Werfel sich nach oben und meldet am 15. Februar 1889 die Eröffnung seiner Handschuherzeugung. Am 15. Dezember 1889, nicht ganz neun Monate vor der Geburt von Franz Viktor, heiratet er die neunzehnjährige Albine Kussi, die aus Zihle stammende Tochter des Mühlenbesitzers Bernard Kussi. Dieser Müller erreicht im Jahre 1932 tatsächlich das 100. Lebensjahr. Albine Werfel berichtet, daß er auf die Frage, was ihm in seinem Leben den tiefsten Eindruck gemacht habe, nach kurzem Nachdenken die verblüffende Antwort gab: «Die Aufhebung der Leibeigenschaft.»[13] Der Blick auf den Stammbaum der jüdischen Familie Kussi zeigt eine erschreckende Zahl von in Theresienstadt, Auschwitz und anderen Vernichtungslagern Ermordeten. Der in Mauthausen umgekommene Cousin Rudolf Kussi, der die Familienmühle in Pilsen weiterbetrieben hat, ist – nicht zuletzt durch seine musikalische Passion – ein guter Freund Werfels gewesen.

Noch nicht einmal zehn Jahre sind seit der offiziellen Gleichberechtigung der böhmischen Juden, dem Recht, sich an jedem Ort des Reiches ansässig zu machen und nach eigenem Entscheid eine Familie zu gründen,

vergangen, als Rudolf geboren wurde. Gerade als er seine Handschuhfabrik gründet, beginnt die Epoche des schleichenden wirtschaftlichen Untergangs. Das agrarische, zentrifugale und anachronistische Österreich-Ungarn fällt im Zeitalter des Imperialismus weit hinter den Standard der europäischen Industriestaaten zurück. Rudolf Werfels Geschäft aber, inzwischen durch die Gründung einer zweiten Fabrik bei Pilsen erweitert, floriert. Nach dem finanziellen Rückschlag durch den väterlichen Bankrott, den er später *mit der leicht erregten Pathetik eines glücklichen Zeitalters als bürgerlichen Schiffbruch* [14] bezeichnet, erholt sich die Firma. Unter dem Namen Rudolfum Werflem erscheint im Jahre 1901, als sich nur noch 45 Prozent der Prager Juden zur deutschen Sprache bekennen, ein Buch über die österreichische Handschuhindustrie und die neuen Handelsverträge. Mit Rücksicht auf die von Tschechen bestimmte Prager Genossenschaft der Handschuherzeuger veröffentlicht Rudolf Werfel das Buch auf tschechisch. Trotz solcher Optionen für die zukünftige kompakte Majorität nimmt auch der tschechische Antisemitismus rapide zu.

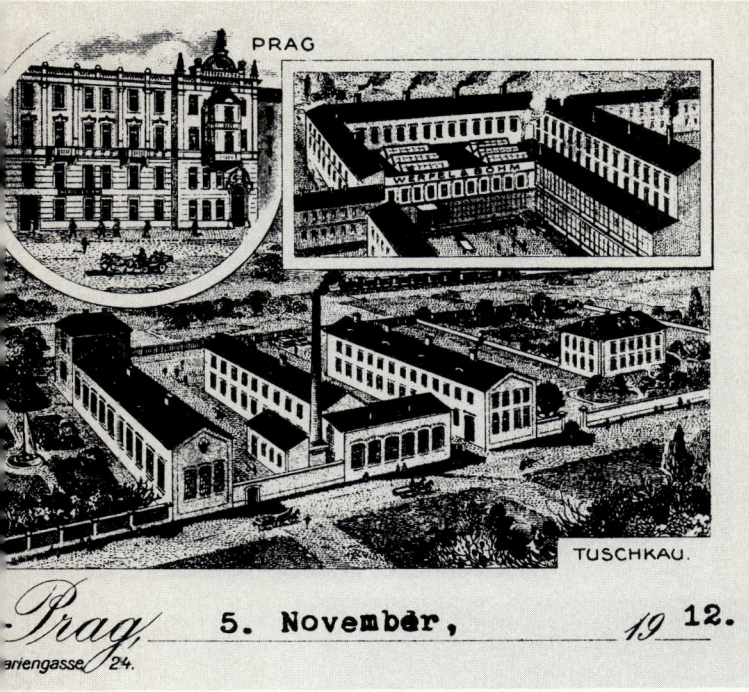

PRAG

TUSCHKAU.

5. November, 19 12.

Briefkopf der väterlichen Handschuhfabriken, Fa. Werfel & Böhm

Dessen Agitatoren rekrutieren sich aus den Gewerkschaften der Handschuhmacher: «...man darf vermuten, daß ihr Großteil aus den Werfelschen Fabriken kam.»[15] Rudolf Werfel gelingt es, sich in diesen finsteren Episoden über Wasser zu halten. Erst durch die Okkupation der Nazis 1939 muß er die geliebte Stadt verlassen.

Fest steht, daß er seine Kinder geliebt hat. *Ein guter Vater*, lautet das Resümee, das der Sohn am Ende seines eigenen Lebens zieht.[16] Beizeiten nimmt Rudolf Werfel seine Kinder mit in die Oper und ins Schauspiel. Zu hohen Feiertagen geht er mit dem Jungen in die nahe gelegene Hochsynagoge, die Meyslsynagoge. Zu Hause beschränken sich die religiösen Zeremonien auf das Nötigste. Das große Abendessen zu Pessach und der von Segenskerzen erhellte Gabentisch am Chanukkah-Fest gehören zu den wenigen Anlässen, die wirklich an die Zugehörigkeit zum Judentum erinnern. Dennoch bestehen emotionale Bindungen. Nach dem musikalisch ausgestalteten Maskir, dem «In-Erinnerung-Bringen» der Verstorbenen, kommt Rudolf Werfel stets mit verweinten Augen aus dem Tempel.

11

Der Vater:
Rudolf Werfel

Die Mutter:
Albine Werfel

Den literarischen Neigungen des Sohnes, der am väterlichen Betrieb keinerlei Interesse zeigt, schaut er so lange wohlwollend zu, bis sich herausstellt, daß Franz sein ganzes Leben damit auszufüllen gedenkt. Später aber, als sich der angezweifelte Erfolg einstellt, verstummt seine *nur allzuberechtigte, aber bitter nörgelnde Kritik* [17], und er wird zum liebevollen Agenten des Sohnes.

Als «charmante, etwas zu dramatische Dame» [18] hat Adolf D. Klarmann die Mutter Franz Werfels beschrieben. Albine Werfel ist eine hübsche, hochgewachsene, schwarzhaarige Frau, die großen Wert auf Distinguiertheit und Etikette legt, eine «liebenswürdige, feine Gesellschaftsdame» [19], die ihre Kinder liebt, ohne diese Liebe zeigen zu können. *Sie ist seelisch unerlöst, nicht frei genug* [20], charakterisiert sie ihr Sohn, der sich oft auch über mangelnde Fürsorge beklagt. Eine autobiographische Stelle in der Erzählung *Kleine Verhältnisse* gibt das emotionale Defizit genau wieder: *Mama*, die nachts das Licht im Zimmer des Buben bemerkt hat, beugt sich über ihn und lauscht. Sie glaubt, daß er schläft und streicht *die Decke des Sohnes glatt, aber schon mit achtlosen Händen, gleichsam nur um sich selbst ein wenig konventionelle Mütterlichkeit vorzuspielen* [21]. Diese *Geste ihres eigenen Schuldgefühls* macht die grundsätzliche Fremdheit klar, die das Verhältnis zwischen Mutter und Sohn lebenslang bezeichnet.

Als Kafka im Dezember 1914 in der Mariengasse seine Erzählung von der «Strafkolonie» vorliest, betrachtet er hernach Werfels «schöne Schwestern», die achtzehnjährige Hanna und die fünfzehnjährige Marianne Amalia. «Die ältere lehnt am Sessel, schaut seitwärts öfters in den Spiegel, zeigt, doch schon genügend von meinen Augen verschlungen, mit dem Finger leicht auf eine Brosche, die mitten auf ihrer Bluse eingesteckt ist.» [22] Hanna ist Werfels Lieblingsschwester. Ihr liest er seine frühesten literarischen Versuche vor. Später, 1925, als Hanna Alban Bergs so große und unerfüllte Liebe wird – sie schenkt ihm den Goldcrayon, mit dem er die «Lulu» schreibt –, verteidigt der Bruder sie vor den pseudomoralischen Vorwürfen der Wiener Gesellschaft und übergibt Hanna heimlich die Liebesbriefe des Freundes. Auch im Exil dauert das aufrichtige und liebevolle Verhältnis der Geschwister an. Größere Schwierigkeiten hat Werfel dagegen mit der jüngeren Schwester Marianne, die ihm sein «Verschwinden ins Manuskript» und die «Flucht vor dem Alltäglichen» zum Vorwurf macht. [23] Mizzi emanzipiert sich früh vom Elternhaus. Um der «Werfelschen Exklusivität» zu entkommen, arbeitet sie im Spital, in der Akademie, stürzt sich in unglückliche Liebesgeschichten, verkehrt mit tschechischen Freunden, die nicht zur ‹guten Gesellschaft› gehören, ist mittellos und steht doch mitten im Leben. Später heiratet sie Ferdinand Rieser, den Direktor des Zürcher Schauspielhauses, schreibt selbst Gedichte, psychoanalytische Novellen, Theaterstücke und Revuen.

Erst mit dem um die Jahrhundertwende erfolgten Umzug in die Ma-

Das Geburtshaus in Prag, Reitergasse 10

riengasse 41 gelangt die Familie in die obersten Schichten der Prager Gesellschaft. Nur hundert Schritte sind es bis zur Fabrik des Vaters. Direkt gegenüber dehnt sich der große Stadtpark, hinter dem gerade der neue Franz-Josephs-Bahnhof gebaut wird. Die Sommerfrische verbringen die Werfels meist in Marienbad, Karlsbad oder im Salzkammergut.

Schon früh gibt es für Franz *zwei Hauptwirklichkeiten*. Da ist die Familie, die Fabrik, die Synagoge und schließlich die gefürchtete Einschulung. Barbara Šimůnková, genannt Babi, ist die *andere, eigentliche Wirklichkeit*[24]. Nicht nur die Frau selbst, sondern alles, was mit ihr zusammenhängt, gehört zu dieser eigentlichen Wirklichkeit. 43 Jahre arbeitet sie als Kinderfrau und Köchin für die Familie Werfel. Stundenlang erzählt die Kinderfrau dem Jungen Märchen, Heiligenlegenden und Gedichte wie das von der *Polednice*, der Mittagsfee. Hanna, die Schwester, berichtet, daß der vierjährige Franz mit Babi zum erstenmal zur Messe gegangen sei. Babis Frömmigkeit zeigt sich *in keinerlei heiligem Gehaben, nicht in frommen Anrufungen und Gebeten, oder gar in einer leidenschaftlichen Kirchlichkeit*, sie zeigt sich vielmehr *in einer tiefen und gleichmäßigen Ruhe*[25], in einem Aufgehobenheitsgefühl, das für Franz Werfel zum entscheidenden Element seines Lebens wird und das schon früh das Erwachen der kindlichen Religiosität bezeichnet: *Gott war der Schlaf, auf dem man dahingleitet, das warme Bett, in dem einem keine böse Macht etwas anhaben kann.*[26] Durch Babi lernt Franz die barocke Katholizität der Stadt, *an jedem Vorsprung Kruzifix und Bild*[27], die Heiligen, die Mutter Gottes und die ihr gewidmeten Wallfahrtsstätten kennen. Barbara selbst wird zum Inbegriff der Erlösung: *Unter der Himmelsmutter stellte er sich nicht viel anderes vor als eine jüngere und schöngekleidete Barbara, eine Barbara aller Menschen, die über den Wolken wohnte.*[28] In seinem Schlafzimmer hängen auch später noch neben den großen Idolen Verdi und Dante die Raffaelschen Engelsköpfe. Die Kirche, *die einzige übermoralische Mutter im Weltall, die Mutter aller Mütter, die vor keinem ihrer Kinder Grauen empfinden kann*[29], gilt ihm von Anfang an mehr als das Judentum.

In einer deutlichen Anlehnung an die Tempelreinigung im Matthäus-Evangelium erinnert sich Werfel 1919 in seinen *Erguß und Beichte* betitelten autobiographischen Gedanken: *Ich mag vielleicht zehn Jahre gewesen sein, als ich im Chor dieses Prager Tempels die Stimme einer Sopranistin hörte, die mir unendlich beglückend und zugleich tödlich unanständig erschien. Es muß eine richtige Theaterstimme gewesen sein, schamlos zudringlich, eitel und sexuell. Sie berauschte mich und erzeugte ein Unbehagen, das mir mit einem Schlag den ganzen Gottesdienst peinlich machte. – Ich sah die alten Männer, dichtgedrängt, die sich nach allen Seiten wandten, über Tausende Dinge sprachen, Händedrücke tauschten, eine laute Vertraulichkeit zeigten, ich hörte ein Gemurre und Gemurmel wie in einem Caféhause.*[30] Franz Kafkas fast zur gleichen Zeit geschriebener «Brief an den Vater» weist in vielen Details eine so starke Übereinstimmung mit Werfels Erinnerung auf, daß eine gegenseitige Kenntnisnahme der Texte offensichtlich ist. Genauso abstoßend, *eine ignorante Büberei*, präsentiert sich der Religionsunterricht, der so mechanisch und stumpf verläuft, daß Franz Werfel ihn von einem bestimmten Zeitpunkt an regelmäßig zu schwänzen beginnt. Wenn er in einem Brief an Sigmund Freud aus dem Jahre 1926 von einem *areligiösen Milieu*, in dem er aufgewachsen sei, spricht, meint er unmißverständlich ein sich auflösendes Judentum, das keine *religiösen Gefühlskatastrophen*[31] mehr vermitteln kann. Orthodoxe Juden aus Galizien gar, mit Kaftan und Schläfenlocken, lösen größtes Unbehagen aus: *Diese Menschen waren uns fremdartig und unheimlich, sie sprachen eine andere Sprache als wir, ihr Gehaben gehörte einem anderen Erdkreise an.*[32] Zutiefst suspekt bleibt ihm lebenslang der Zionismus. Das Fazit, das er zieht, gilt fast für alle deutsch-jüdischen Prager Künstler dieser Generation: *Das Judentum war mir in meiner Kindheit kein «Erlebnis» geworden, sondern nur ein halbbewußter Vorstellungsinhalt, der kein*

Im Prager Stadtpark

großes Gefühl in sich schloß, sondern ganz im Gegenteil den Wunsch, dort niemals wieder anzuknüpfen.[33] Erst der Krieg, Auseinandersetzungen mit Max Brod und Martin Buber und die Entdeckung der Zusammengehörigkeit von Christus und Israel zerstören das Ressentiment. Mehr als zwei Jahrzehnte benötigt Werfel dann, um das in der Jugend entstandene geistige Vakuum des Judentums aufzufüllen.

Mit Barbara und später mit der zu ihrer Entlastung eingestellten Gouvernante Erna Tschepper[34] durchstreift Franz die Stadt. Der direkt vor der Haustür liegende Stadtpark wird zum abenteuerlichen Dschungel und «der große Sandplatz ist eine Welt»[35]. Auch Willy Haas, später Werfels bester Freund, und der nur sechs Tage ältere Ernst Deutsch werden dort bei schönem Wetter von ihren Kinderfrauen spazierengefahren. Die Buben durchlaufen vom «Spielplatz der Babys» bis zum Schlag- und Fußballplatz alle Stationen des Parks. Vor dem kleinen künstlichen Teich inmitten des Stadtparks, dem Lieblingsplatz der Bonnen und Kindermägde, werden gruselige Geschichten von ertrunkenen Selbstmörderinnen erzählt. Franz, meist im frischgebügelten Matrosenanzug, läßt dort seinen kleinen, «Bohemia» getauften Raddampfer schwimmen. Den Höhepunkt kindlichen Entsetzens nimmt der von Werfel mehrfach verewigte stelzbeinige Wächter Kakitz ein, auch Kranich genannt, der freilich um

16

sechs Uhr brav seine biedere Wohnung in der Mariengasse aufsucht. Das gesamte lyrische Werk ist angefüllt mit Erinnerungen an den Park. Die zweite Strophe des nach dem Tod der Kinderfrau im Jahre 1935 geschriebenen Gedichts *Die Verklärte Magd* lautet:

> *Ich geh durch meiner Kindheit Park.*
> *Die aufgeschürfte Erde klafft.*
> *Doch überall machst du sie stark,*
> *O Magd, mit deiner Liebeskraft.*[36]

Ängstlich und keineswegs neugierig betritt Franz Werfel in Begleitung seines Vaters im September 1896 die Piaristenschule in der Herrengasse. An Kruzifixen und Heiligenbildern vorbei gelangt er durch einen rechtwinklig gebogenen Schulgang in den Klassenraum. Der *Kuttenmann* auf dem Katheder ruft mit rauher Stimme die Namen auf. Hinter ihm ragt stolz eine Karte der Donaumonarchie. Franz weint, als der Vater ihm ermutigend zunickt. Abschließend wird *zu Lehrers Winselgeige*[37] das Kaiserlied geplärrt, und die Buben werden fürs erste entlassen. Ein katholisches Institut ist die Volksschule nur dem Namen nach. Aus dem Klassenverzeichnis geht hervor, daß gut zwei Drittel der Schüler der «mosaischen Konfession» angehören, darunter auch der Musterschüler Ernst Deutsch, der nur im Zeichnen nicht brilliert. Das gemeinsame Gebet am Anfang eines jeden Schultags ist freilich von allen gemeinsam zu sprechen. «Piaristen, schlechte Christen!» rufen die tschechischen Buben aus der Übungsschule der Lehrerbildungsanstalt von nebenan, wenn die Schüler aus dem großen Tor mit der Aufschrift «Collegium Clericorum Regularium Scholarum Piarum» treten.

Franz ist von Anfang an ein schlechter Schüler. Das ändert sich auch auf dem Grabengymnasium nicht, das er bis zur Tertia, die er wiederholen muß, besucht. Der letzte Vers der Höllenpforteninschrift in der «Divina Comedia» – «Laciate ogni speranza, voi ch' entrate!» (Beim Eintritt hier laßt alle Hoffnung fahren) steht noch in der Vision des Sechsundzwanzigjährigen über dem Eingang zum Direktorat. Zusammen mit Willy Haas und dem ebenfalls nicht gerade musterhaften Schüler Paul Kornfeld verbringt Werfel die letzten Jahre seiner miserablen Schulkarriere auf dem Stephansgymnasium. Vergeblich bemühen sich die Schüler, Texte von Heine und Hebbel interpretieren zu dürfen. Bücher wie Schnitzlers «Reigen» werden unter der Schulbank gelesen. Im langweiligen Religionsunterricht macht der Schüler auf diese Weise auch Bekanntschaft mit Georges «Algabal». Zur Leitfigur wird für ihn eine Zeitlang Byrons zerrissener und hybrider Held Manfred. Die Reclam-Ausgabe des «Faust», die er beständig in der Jackentasche mit sich herumträgt, begleitet ihn noch auf dem Weg an die galizische Front.

Die erste und einzige Persönlichkeit, die den Schülern auf dem Katheder entgegentritt, ist der Ordinarius und Lateinlehrer Karl Kyovsky. Mit

Franz Werfel als Kind

den ehrbaren Begriffen *Tugend, Strenge, Milde, Komik* [38] wird er, der Inbegriff des altösterreichischen Menschen und Beamten, in dem autobiographischen Roman *Der Abituriententag* bedacht. Als ein Leierkasten im
Schulhof das Sextett aus «Lucia di Lammermoor» von Donizetti spielt
und Werfel es sofort erkennt, lächelt er «ganz glücklich» und behandelt
den Schüler von nun an bevorzugt. [39] Als dieser aber bei Kyovskys re-
spektvollem Aussprechen der unsäglich langen und feierlichen Titulatur
«Seiner apostolischen Majestät, unseres allergnädigsten Herrn, Kaiser
Franz Joseph» zu grinsen wagt, wirft ihm der Lehrer «mit einem unge-

heuren Schwung ... das Klassenbuch mitsamt der Kaiserproklamation quer durch das Klassenzimmer ... an den Kopf»[40].

Zu Werfels hervorstechenden Leistungen in der Schulzeit gehört ein präzise ausgearbeiteter Schwänzplan, der diverse Vergnügungen auch während der Schulstunden ermöglicht. Favorisiert wird von den Schülern das in der Gemsengasse gelegene «Gogo», wo eine literaturbegeisterte Prostituierte namens Angela arbeitet. Vielleicht ist sie es gewesen, die dem unablässig Verdi-Arien schmetternden Werfel den Spitznamen «Carrousseau» gegeben hat, den sie, «um ihre Bildung zu zeigen»[41], französisch ausspricht. In dem noch ganz im Stil der Makart-Ära ausstaffierten, mit Plüschmöbeln, Goldschnörkeln, Samtvorhängen und erotischer Sticherei überladenen Bordell pflegt sich auch Gustav Mahler bei seinen Prag-Besuchen aufzuhalten, um im japanischen Zimmer bei zwei Flaschen Sekt bis zum Morgengrauen Klavier zu spielen. Am «Schülertisch» aber debattiert man bei Lagen schwarzen Kaffees und bei Melniker Wein über Kierkegaard, Augustinus und die letzte Theaterpremiere: «...die halbnackten Mädchen bildeten bunte Reihen mit den knabenhaften Philosophen, stellten gelegentlich praktischere Fragen...»[42]

Um 1907 gilt das schwüle Klima jener hysterischen Prüderie nicht mehr, welches noch zehn Jahre zuvor bewirkt hat, daß eine Dame statt «Hose» die Bezeichnung «die Unaussprechliche» wählen mußte. Die Aufteilung der weiblichen Welt in «käuflich» und «unberührbar bis zur Ehe» begleitet aber auch noch Werfels erste Annäherungsversuche. Es gibt für den Gymnasiasten drei «Kasten» von Frauen: die eleganten Damen in zarten Schneiderkleidern oder tiefausgeschnittenen Roben, zu denen keine Brücke, *nicht einmal die der Träume*[43] führt; die gleichaltrigen gutbürgerlichen Mädchen, deren Eltern es den Schülern erlauben, *gewissen Unterhaltungen beizuwohnen*, die sie für ihre Töchter veranstalten; und drittens das *stiere nackte Fleisch* der Prostituierten, das statt Freuden nur Schauder und Beklemmung schafft. *Es war eine andere Zeit. Die Mädchen kehrten mit ihren Röcken die Straße, kicherten ununterbrochen und trugen einen Panzer, der aus Angst, Reinheit und Berechnung geschmiedet war. Sie schienen zu fordern, daß man sie zwar für schön und anbetungswürdig halte, zugleich aber nicht wisse, daß die anbetungswürdige Schönheit über Füße, Waden, Schenkel, Brüste und einen ganzen Körper verfüge.*[44] Werfel empfindet beim Anblick des angebeteten Mädchens Mizzi die spezifische Gymnasiastenscham, *eine Null zu sein, ihr nachzustehen, auf keine Heldentat und auf kein Kunstwerk zurückblicken zu können*[45]. Die gleichaltrige Maria Glaser, Tennisspielerin und Hausballschönheit, ist Werfels erste große Liebe. Das Herzklopfen und die leichten Schwindelanfälle, das stundenlange vergebliche Patrouillieren um das Haus des eher uninteressierten Mädchens, das schon bald einen Ingenieur heiratet, sedimentieren sich später in vielen hymnischen Gedichten und dem 1910 verfaßten kleinen romantischen Drama *Der Besuch aus dem Elysium*, in dem freilich aus der einstigen *Himmelsfrau* eine Spieße-rin, eine *Provinzmadonna*, aber auch eine unglückliche Ehefrau und ver-einsamte Mutter geworden ist.

Die spätere Einsicht, daß die Liebe deswegen grausam ist, weil sie das Bedürfnis hat, *um des Erbarmens willen* [46] ihren Gegenstand leiden zu sehen, geht auf dieses frühe platonische Erlebnis zurück. Noch kurz vor dem Tod erinnert sich der Verschmähte von einst an das Fräulein Marie, die Tochter des Schokoladenfabrikanten, wie sie ihm im langen, hellen Frühlingskleid und breiten Florentiner Hut mit kapriziöser Ungeduld zu-ruft: *Worauf warten wir noch? Ich komme ja zu spät.* [47]

Als Werfel im Sommer 1909 vor einer Kommission von Professoren die mündliche Maturaprüfung übersteht und die *schul-füchsisch-bürokrati-sche Lehrweise, mit der die vorgeschriebenen Disziplinen zu Tode gehetzt wurden* [48], endlich zur Vergangenheit gehört, ist er bereits ein gedruckter Autor. Am 23. Februar des Vorjahrs hat «Die Zeit», ein Wiener Tagblatt, gleich auf der ersten Seite seiner belletristischen Beilage das Gedicht *Die Gärten der Stadt* publiziert. Werfel beschreibt in dem 1912 an einem Ma-növertag geschriebenen kleinen Drama *Die Versuchung* seine Reaktion schon mit ironischer Distanz. In diesem *Gespräch des Dichters mit dem Erzengel und Luzifer* geht es um die Scheinhaftigkeit des sogenannten Lebensglücks. Der Dichter lehnt Satans Angebot der Reiche dieser Welt spöttisch als Ausgeburt bürgerlicher Potentatenhybris ab. Über den künstlerischen Ruhm heißt es in Anspielung auf das erste gedruckte Ge-dicht: *Vor Warenhäusern, Wagenreihen, Kaffees blieb ich stehen und war erstaunt, als ich erkannte, wie tief das Ereignis meines gedruckten Werkes in die Welt gegriffen hatte; etwas schien an allem vorgegangen zu sein, alles schien auf mich zu deuten* mit einem achtungsvoll schielenden «Aha». [49]

Unaufhaltsam naht nach dem Erhalt des Matura-Zeugnisses der ge-fürchtete Zeitpunkt, an dem vor dem Vater Rechenschaft über die Ge-staltung der Zukunft abgelegt werden muß. Zu nichts hat Franz weniger Lust, als sich hierüber Gedanken zu machen. Zunächst zieht er mit Ernst Deutsch durch Deutschland. Sobald ihnen, wie in Frankfurt, das Reise-geld ausgeht, schicken die Väter Nachschub. Zurück in Prag hospitiert Werfel an der Deutschen Universität, ohne sich dort zu immatrikulieren. Er besucht philosophische, juristische und kriminalpathologische Vorle-sungen, ohne sich für ein Studium entscheiden zu können. Für kurze Zeit geht er auf Wunsch des Vaters sogar auf die höhere Handelshochschule. Neben jenen frühen Gedichten, die dann in den Band *Der Weltfreund* eingehen, sind bereits kleine Erzählungen und novellistische Skizzen ent-standen, von denen sich nur wenige erhalten haben. *Die Katze*, noch in der Schulzeit geschrieben, geht, wie die Schwester Hanna beteuert, auf ein schreckliches pubertäres Spiel während der Ferien im Salzkammergut zurück. Das *große Verwandtschaftsgefühl aller Kreatur*, das der Junge ver-spürt, schlägt jäh um in den sadistischen Impuls, in einem *kindlich grausa-*

*Der Abiturient,
1909*

men *Wollustschauer*[50], die Katze zu quälen. Zum erstenmal erscheint ein
Motiv, das Werfel dann immer wieder gestalten wird: das Auge des ge-
schundenen Tiers.

Auf strengstes Geheiß des Vaters muß Werfel im Spätsommer 1910
allein nach Hamburg reisen, um dort bei der Spedition Brasch & Rothenstein seine anbefohlene kaufmännische Lehrzeit durchzustehen. An Max
Brod schreibt er: *Jetzt schreibe ich unter dem Schreibpult Verse, wie ich in
der Schule unter dem Lateinheft Gedichte gemacht habe.*[51] Verwundert
betrachtet der Prager Bürgersohn, wenn er sich morgens um sieben von
seiner Pension auf den Weg zur Firma begibt, wie mit ihm *tausende junge
Mädchen scharenweise in die Kontors*[52] zur Arbeit ziehen. Unfähig, die
Geschäftsbriefe für den Seegüterverkehr zu bearbeiten, befördert er sie

21

Willy Haas

wütend durch die Wasserspülung ins Meer.[53] Schon nach wenigen Wochen erteilt ihm sein Prinzipal *das consilium abeundi*[54]. Werfel bleibt *auf eigene Faust* noch ein paar Monate. Mit Franz Theodor Csokor spaziert er zum Elbe-Hafen, betrachtet die Dampfer, die kleinen Hafenjollen und über allem den nebligen Sonnenuntergang. Er ist zum erstenmal seit der Kinderzeit wieder glücklich und frei zugleich: *... das glänzend laute Bild einer glücklichen selbstzufriedenen Zeit umgab uns, wir aber standen, ganz und gar in die innere Welt verkapselt, und sagten einander unsere neuen Gedichte auf.*[55] Später wird in einer Kneipe in St. Pauli «bei Austern und Burgunder»[56] das Gespräch fortgesetzt. Nach acht Monaten verläßt er Hamburg. Das schrankenlose Glück dieser Zeit hält er in dem Gedicht *Dampferfahrt im Vorfrühling* fest. Die letzten Zeilen lauten:

O Tanzlokale am Ufer, o Brüder, o Dampfer, Fährhaus, Erd und Him-
    melsgeleit!
Ich bin ein Geschöpf! – Ich bin ein Geschöpf!
Und breite die Arme weit...[57]

Am 25. Mai 1911 kehrt er nach Prag zurück. *Europa 1911! Goldene Abendröte eines Zeitalters, dessen schwerste Sorgen uns heute paradiesisch erscheinen*[58], erinnert sich Werfel. Bis Ende September, dem Beginn des

Militärdiensts beim k.u.k. Feldhaubitzen-Regiment No. 8 auf dem Hradschin, hat er endlich Zeit zur schriftstellerischen Arbeit. Die Jahre 1910 bis 1912 zeichnen sich durch eine ungeheure Produktivität aus. Das Interesse an neuen Büchern ist größer denn je. Geschichtliche Ereignisse wie die Marokko-Krise, der Italienisch-Türkische Krieg oder die Balkankriege werden nur am Rande zur Kenntnis genommen. Dagegen ereifert man sich über den «Rosenkavalier» und «Die Biene Maja», über «Das Lied von der Erde» und den Einfluß der Schwerkraft auf die Ausbreitung des Lichts. Im Prager Konzert- und Kunsthaus «Rudolfinum» verteidigt «auch mit Fäusten und Stuhlbeinen»[59] die Freundesphalanx Otto Pick, Franz Werfel und Willy Haas die radikalen Melodramen von Arnold Schönbergs «Pierrot lunaire». Trotz des frenetischen Applauses der Jungen stürzt Schönberg wie nach einer verlorenen Schlacht aus dem Konzertsaal. Kunstskandale sind wichtiger als Politik. Noch bewohnen die *sozialen und nationalen Heilande, im ungestörten Vollbesitz ihrer Defekte, nicht die Reichskanzleien, sondern die Nachtasyle*[60]. Man sieht sie gelegentlich in den Literatur-Cafés, den *Pflanzstätten der wechselnden künstlerischen Moden*, aber auch *geistigen Hexenküchen eines zukünftigen Grauens*[61].

Das Café «Arco» gilt inzwischen als das Zentrum der deutschen Prager Literatur. Es ist ein elegantes Lokal mit großen Spiegeln und Marmortischen im Parterre eines schönen alten Prager Zinshauses in der Hybernngasse. Durch die breite Fensterfront kann man schon vor dem Eintritt erkennen, wie viele und welche «Arconauten» sich versammelt haben. Kafka hat diese Perspektive festgehalten. Über Werfel schreibt er: «Wie er von der Ferne beim Kaffeehaustisch aussieht. Geduckt, selbst im Holzsessel halb liegend, das im Profil schöne Gesicht an sich gedrückt, vor Fülle (nicht eigentlicher Dicke) fast schnaufend, ganz und gar unabhängig von der Umgebung, unartig und fehlerlos. Die hängende Brille erleichtert durch ihre Gegensätzlichkeit das Verfolgen der zarten Umrißlinien des Gesichtes.»[62] Gäste aus Wien oder aus dem «Reich» wie Franz Blei oder Otto Gross werden von den *Insassen* des Kaffeehauses, *dem auserwählten Kreis derjenigen, die den «Bourgeois» in sich überwunden hatten*[63], gierig ausgefragt. Stammgast ist auch Werfels alter Schulkamerad Ernst Polak, dessen Belesenheit allgemein bewundert wird. Wie später mit Robert Musil, Joseph Roth und Hermann Broch diskutiert Polak, hauptberuflich Fremdsprachenkorrespondent der Prager Filiale der österreichischen Landesbank, mit den Autoren über ihre entstehenden Werke.

Die wichtigen europäischen Tageszeitungen, Periodika, auch Kunstrevuen liegen aus. Die tschechischen Maler kommen, um zu erfahren, was die Kunstwelt, «wahrhaftig die ganze Welt»[64] interessiert. Das sowohl Karl Kraus, Alfred Polgar, Anton Kuh und auch Egon Erwin Kisch in den Mund gelegte Bonmot: «Es brodelt und werfelt und kafkat und kischt»

Brief an Axel Juncker über «Der Weltfreund», auf dem Briefpapier der Hamburger Spedition Brasch & Rothenstein

trifft die ausgewogene Mischung aus Sinnlichkeit und Intellektualität so wenig wie das böse Wort vom «Schmockkästlein der Monarchie». Die geistige Atmosphäre des «Arco» kennt keine nationalen, kulturellen und künstlerischen Schranken. Einen magnetischen Zauber üben auf Werfel die endlosen Diskussionen im Zigarettendunst aus. Man diskutiert über Dostojevskij, den «Schutzheiligen unserer Generation», über Walt Whitman, Jules Laforgue und Paul Claudel, der als hoher Diplomat für eine Zeit in einem Büro am Prager Stadtpark arbeitet. Von ihm erfährt Werfel bei einem Spaziergang «Regeln, wie man dichtet» [65]. Seinen geistigen Antipoden, den in Prag noch unbekannten André Gide und dessen «Nouvelle Revue Française», stellt Ernst Polak vor. Mit Kafka und Oskar Baum unterhält sich Werfel über den von Franz Blei übersetzten Ferdinando Galiani und dessen Zeitgenossen François Quesnay. Freilich ist die *Atmosphäre aus Kameradschaft und Gehässigkeit, aus rührender Hilfsbereitschaft und giftigstem kritischen Hochmut* [66] auch gespalten.

Nach dem Aufsehen um den gerade entstehenden Gedichtband *Weltfreund* – in *Prag war's ein ausgesprochen unliebsames Aufsehen* [67] – hat Werfel vor seinen gleichaltrigen Freunden immerhin den Vorsprung, ein *gedruckter Autor* zu sein. Er wird zum Mittelpunkt der jugendlichen Tafelrunde. Schon im Dezember 1911 tritt er als Rezitator in Erscheinung, dem das *klangtrunkene Modulieren des gesprochenen Wortes* [68] Freude macht und der «mit aller Inspiration und Verzückung eines Magiers» [69]

24

seine Gedichte, darunter viele nie veröffentlichte, vorträgt. Um die gebotene Gedichtanzahl für einen Band zustande zu bringen, veranstalten Werfel und Haas erst einmal eine Sammlung der verstreuten Zettel aus Schubladen, Taschen, Anzügen und Überziehern. Nach mehrfachen Aussiebungsprozeduren klebt Werfel die Verse auf große Papierbögen mit der Aufschrift *Der Weltfreund*, die er zunächst an Ernst Rowohlt schickt, der aber dankend ablehnt. Erst beim zweiten Anlauf, durch Max Brods selbstlose Befürwortung, steht die Veröffentlichung fest. Axel Juncker erklärt sich nach langem Zögern zur Publikation des Bandes in seinem kleinen, exklusiven Verlag bereit.

Jetzt, im Winter 1911, sind die Reaktionen auf das Buch so emphatisch wie dessen eigener Stil. Der Freund Kafka notiert überwältigt am 23. Dezember nach einer Rezitation aus dem *Weltfreund*: «Durch Werfels Gedichte hatte ich den ganzen gestrigen Vormittag den Kopf wie von Dampf erfüllt. Einen Augenblick fürchtete ich, die Begeisterung werde mich ohne Aufenthalt bis in den Unsinn mit fortreißen.»[70] Befreiend und unwirklich zugleich klingt den Zeitgenossen die ganz neue Unmittelbarkeit der Sprache, diametral entgegengesetzt der formalen Ausdrucksweise einer ästhetizistischen Welterfahrung bei Stefan George, anders aber auch als der elegische Duktus Rilkes oder Hofmannsthals Traumwirklichkeitspoesie. Rilke spricht in seiner Schrift «Über den jungen Dichter» bewundernd von Werfels Kraft, «die soviel Schweigen auf ein Mal gebrochen hat»[71]. Der «Mangel an Würde» in Werfels Lyrik, über den sich Friedrich Gundolf bei George mokiert, ist, bei voller Bewahrung eines durchgreifenden Ethos, ein bewußter Bruch mit der symbolistischen Überfrachtung der Worte. Die an Walt Whitman geschulte Formlosigkeit der langen, ungegliederten Versreihen geben mit einer rhythmischen Kraft sondergleichen eine lebensbejahende Mystik des Alltags.

Im amerikanischen Exil wird Werfel seiner Schwester Mizzi schreiben: *Im Hinterzimmer der Mariengasse 41 war schon alles da.*[72] *Der Weltfreund* beschwört die frühesten Träume dieses Zimmers. Aufbewahrt wird in den Gedichten die ewige Wirklichkeit von Kindheit und Jugend. Die Kindheit, der alles Existierende zum Symbol wird und die immerfort, im Spiel der Entdeckungs- und Forschungsexpeditionen, ihr Geheimnis bewahrt, ist so unauslotbar wie die Tiefe der Meere, die der kleine Junge in seiner Imagination einst mit einem böhmischen Dampfschiff befuhr:
Was ich alles auf dem rotweißen Dampfer erlebte: Wasserhosen, Zyklone,
Am Äquator riß uns Champagner, Heimweh und Stern-Nacht zu lautem
    Wahnsinn fort,
Am südlichen Wendekreis aber warf man ohne
Gebete und Tränen einen steinbeschwerten Leichnam über Bord.[73]

Am Ende verschmilzt die Südsee mit der donnernden Militärmusik des Restaurationsgartens, und die leichte Brise von Kindheit und Seeluft fährt durch die Natur und bewegt die Blätter der Bäume. Nichts darf der

Erinnerung verlorengehen. Alles, die unirdischen Augen der Hunde oder das Antlitz der geplagten Diener, ist einmal gesehen worden. Noch so ephemere Partikel der Wirklichkeit wie Brösel von Frühstücksbroten, knarrende Schreibtische oder sich tief in die Dekolletage wagende Sommersprossen zeigen die konstitutive Mitgestaltung des Kleinen an der Wirklichkeit. Ein universeller Pantheismus, ein kosmischer Sozialismus placiert es neben das Große und das Ich verschmilzt mit der Natur: *Nadeln, Laub, Zweige und Tannenzapfen fallen auf mein Gesicht, / Und Fliegen, doch auch Bienen und Schmetterlinge verschmähen meine Lippen nicht*[74]. Nur in der Befreiung vom Gesetz der fortschreitenden physikalischen Zeit, nur in der Perspektive des stets im Augenblick aufgehenden Kindes wird die Vergangenheit evozierbar. Die Daseinsformel *Ewig sind wir – Wahn ist alle Zeit*[75] in dem Gedicht *Nächtliche Kahnfahrt* kann sich einzig in der kindlichen Wahrnehmung mit den Gegenständen der Wirklichkeit verknüpfen. Werfel ist ein einzigartiges Bild für die Weltneugier dieser auch das Gesetz des Raums durcheinanderbringenden Wahrnehmung gelungen:

> *Eins fällt mir ein: oft schaut' ich gebückt durch die Beine,*
> *wie durch ein Tor,*
> *Und Sonne, Erde und Himmel kamen mir anders und*
> *fremder vor.*[76]

Im Lesesaal des Werfel-Archivs in Philadelphia ist die von Anna Mahler angefertigte Büste des Dichters genau gegenüber dem berühmten Bildnis Walt Whitmans von Herbert Gilchrist aufgestellt. Dies ist eine späte Wiederbegegnung. Seit Johannes Schlafs eigenwilliger Übersetzung der «Leaves of Grass» in einer Reclam-Ausgabe aus dem Jahre 1907, den «Grashalmen», wird Whitman nach Dostojevskij für Werfel das entscheidende literarische Erlebnis.[77] Johannes Urzidil geht so weit, zu behaupten, daß sein Freund Werfel «mit dem dichterischen Rhythmus seines ganzen Lebens»[78] Whitman gefolgt sei. Daß Whitman – mit Kafkas überlieferter Äußerung – zu den «größten Forminspiratoren der modernen Lyrik gehört» und seine «Übereinstimmung von Kunst und Leben»[79] eine unglaubliche Wirkung auf die expressionistische Generation ausübt, ist schon an der Fülle der Reaktionen ablesbar. Whitmans Beschwörung der Welt aus dem Chaos, der monistische Glaube an die Unteilbarkeit von Seele und Leib, Mensch und Natur und die Visionen von einem befreiten Leib werden zum Urbild der neuen Zeit, zur Prophetie einer kosmischen Demokratie. *Ich bin glücklich, daß diese Seele gelebt hat, in der ich so viel Bestätigung finde ... Das ist die Demokratie, der Sozialismus, die Menschliebe ... wie ich an sie glaube.*[80] Noch im späten Rückblick heißt es: *Nie kann ich diese berauschenden Tage vergessen, als mein Geist von diesem Mississippi an Dichtung überschwemmt wurde.*[81] Werfel adaptiert von Whitman Elemente wie den Katalogstil, den elliptischen Ausdruck, die freien rhythmischen Langzeilen, das alogische Gefälle und die Zerteilung des Metrums einer einzigen Zeile in differenzierte rhythmische Einheiten. Das Zeile für Zeile von Whitman inspirierte letzte Gedicht des Bandes *An den Leser* bezeichnet am deutlichsten den Bruch mit der Tradition. Es ist der hymnische Beginn des frühen Expressionismus.

An den Leser
Mein einziger Wunsch ist, Dir, o Mensch, verwandt zu sein!
Bist du Neger, Akrobat, oder ruhst Du noch in tiefer Mutterhut,
Klingt Dein Mädchenlied über den Hof, lenkst Du Dein Floß im Abend-
* schein,*
Bist Du Soldat oder Aviatiker voll Ausdauer und Mut. . . .
So gehöre ich Dir und allen!
Wolle mir, bitte, nicht widerstehn!
Oh, könnte es einmal geschehn,
Daß wir uns, Bruder, in die Arme fallen![82]

Ende September 1911 rückt Werfel zum Militärdienst in einer der drei Hradschiner Kasernen ein. Mit 28 Kameraden muß er den Raum teilen. *Unter Null ging's tief. Kein Ofen brannte... Wir froren zum Verrecken.*[83] Er dient das obligatorische Freiwilligenjahr *haßerfüllt und reichlich mit Arreststrafen gesegnet*[84] ab.

Währenddessen liest Max Brod in Berlin, beim zweiten Autoren-Abend der «Aktion» am 16. Dezember 1911, Gedichte aus dem *Weltfreund* vor. «Erlauben Sie mir, daß ich jetzt die Gedichte eines Unbekannten vorlese, die ich für besser halte als meine eigenen»[85], so beginnt er selbstlos die Lesung, die ein solch durchschlagender Erfolg wird, daß Kurt Pinthus ihren Höhepunkt, die Rezitation des programmatischen Satzes *Mein einziger Wunsch ist, Dir, o Mensch, verwandt zu sein* als den Beginn des literarischen Expressionismus ansetzt[86]. Werfel beginnt nun, von Kurt Hiller und Albert Ehrenstein gepriesen, im Vorkriegs-Berlin eine entscheidende Rolle zu spielen. Auch in den fünf Nummern der Prager «Herder-Blätter» ist er gleich mehrfach vertreten. Außer einigen *Weltfreund*-Gedichten erscheinen kleine, im Stil Peter Altenbergs geschriebene impressionistische Prosaskizzen. *Die Geliebte* ist eine Reflexion über die Simultaneität aller Dinge im Universum, das sich im Gesicht eines Mädchens abbildet: *Die Natur schaut in Dich wie ein Mensch in den Spiegel schaut.*[87]

Als Werfel im Oktober 1912 mit der halb erpreßten Erlaubnis der Eltern Prag verläßt, um bei Kurt Wolff in Leipzig eine äußerst mager dotierte Lektoratsstelle anzutreten, steht sein Entschluß, sich künftig ausschließlich der Schriftstellerei zu widmen, unumstößlich fest. Daß es sich außerdem um einen Rettungsversuch handelt, der Treibhausatmosphäre der Stadt mitsamt ihrer literarischen Vetternwirtschaft zu entkommen, hat er 1922 in der Antwort auf die Rundfrage: «Warum haben Sie Prag verlassen?» festgehalten: *Mein Lebensinstinkt wehrte sich gegen Prag.*[88]

«Es lebe die Republik!»

Kaum kommt Werfel in Leipzig an, scheidet Kurt Wolffs Kompagnon Ernst Rowohlt aus dem Verlag aus. Vor seiner Trennung vom Verlag hat Rowohlt, mit dem Werfel noch ganze Nächte in den Leipziger Kneipen verbringen wird, den schon 1912 tragisch ums Leben gekommenen Dichter Georg Heym entdeckt und dessen Gedichtband «Der ewige Tag» herausgegeben. Zusammen mit dem *Weltfreund*, dem Wolff erst skeptisch gegenübersteht, erscheinen in Heyms lyrischen Visionen gleichsam die Archetypen der expressionistischen Ära. Heyms Totentanz der Großstadt, die Elendsbilder von Siechtum, Hunger und Schmutz geben geradezu das apokalyptische Pendant zu dem messianistischen Gemeinschaftspathos Werfels. Gemeinsam sind ihnen die poetische Verschlüsselung und Verdichtung in einer einzigen Metapher, der revoltierende Gestus, die Tierchiffren, Personifikationen und endlich das Kompositionsprinzip der Simultaneität bis hin zur Auflösung traditioneller metrischer und strophischer Schemata. Diese stilistischen Kategorien werden in Werfels nun folgenden Gedichtbänden *Wir sind* – entstanden zwischen 1912 und dem Frühjahr 1913 –, *Einander* (1913–15) und *Gerichtstag* (1915–17) konsequent weiterentwickelt.

Die Leipziger Zeit gehört zu der produktivsten in Werfels Leben, obgleich er sich ganz dem Dasein eines verbummelten Bohemiens verschreibt. Kurt Wolff charakterisiert ihn als ein Konglomerat aus Dichter, Seher und Kind: «... blind für die Wirklichkeit, linkisch, unbeholfen, ungeschickt, erfüllt von Versen und Musik ... Er segelte die Straßen entlang, Verdi-Arien singend oder summend und merkte nicht, daß die Leute sich nach ihm umdrehten, sich an die Stirn faßten.»[89] Else Lasker-Schüler, die seine Gedichte liebt, nennt ihn «süßer Bubi», «Propheten-Apache» und «entzückender Schuljunge»[90]. Werfel selbst reproduziert eine Zeitlang dieses von ihm gemachte Bild bewußt: *Ich bin ja noch ein Kind. / Und wag doch zu singen.*[91]

In der Haydnstraße wohnt er zusammen mit Walter Hasenclever und Kurt Pinthus, die beide ihr Studium in Leipzig absolviert haben. Später kommt als weiterer Lektor noch Willy Haas dazu, der wegen einer unglücklichen Liebesaffäre aus Prag flüchten muß. Vor allem mit Walter Hasenclever, von dessen Leidenschaft für den Naturphilosophen und Se-

*Kurt Wolff, Walter Hasenclever, Franz Werfel und
Kurt Pinthus (v. l.) in Leipzig, Winter 1911/12*

her Emanuel Swedenborg er ebenfalls ergriffen wird, verbindet ihn von
nun an eine tiefe Freundschaft. Auch Freundinnen gewinnt er in Leipzig.
Oft besucht er die Wohnung der musikbegeisterten Schriftstellerin Hilde
Stieler, liest ihr seine Gedichte vor, singt mit ihr das Almaviva-Suzanne-
Duett aus dem «Figaro». In der Dufourstraße, in dem am Wasser gelegenen Salon Elsa Asenijeffs, die ihn «Bruder» nennt, liest Werfel seine
neuen Gedichte und diskutiert mit der Dichterin über weibliche Identität
und die Stellung der Frau in der modernen Gesellschaft.

Als am 5. Oktober 1913 «Mariä Verkündigung», Claudels Spiel von der
Totenerweckung und Jungfrauengeburt, in Hellerau auf einer dreifachen
Bühne mit klaren und sparsamen Bildern inszeniert wird, ist auch Rainer
Maria Rilke anwesend. Rilke vernachlässigt die um ihn sich gruppierende
Gesellschaft, um endlich und zum erstenmal jenen Dichter zu treffen, der
in seiner Erwartung ein so zerbrechliches Geschöpf sein muß wie seine
Verse, «die wie schwache Stege über den Abgründen» [92] wirken. In einer
Phase der stagnierenden Produktivität ist ihm die zurückeroberte Kind-
heit der *Weltfreund*-Lyrik zum Element eigener Erinnerung geworden.
Rilke, der viele Gedichte Werfels auswendig weiß – «ich lese fast nur ihn,
staunend, staunend» –, erwartet nun jenes «kindliche Wesen», dem er in
seiner Schrift «Über den jungen Dichter» Fähigkeiten attestiert hat, «die

*Ankündigung im «Börsenblatt für den Deutschen Buchhandel»,
von Werfel verfaßt*

über alles Erwerbbare eines ganzen Daseins hinausgehen»[93]. Das Bild,
das sich Werfel von Rilke macht, ist nicht minder ideal. Von vielen Tränen, die er *seit der Zeit des Erwachens* ihm verdanke, und *langen regenrei-
nen Tröstungen in der Schulzeit durch Sie*[94], spricht er in einem Brief noch
kurz vor dem Treffen in Hellerau.

Beiden gerät die persönliche Begegnung zur Enttäuschung, beide empfinden die Inkommensurabilität von menschlicher Erscheinung und
künstlerischem Werk. Statt eines verträumten Jünglings steht ein revol-
tierender intellektueller junger Mann mit allen äußeren und inneren At-
tributen einer bilderstürmenden Generation, die das *wahnsinnige Außer-
sichsein*[95] zum Symbol der neuen Menschheit macht, vor Rilke. «Ein Ju-
denbub»[96], kommentiert lakonisch die Baronin Nádherný von Borutin,

Rilkes Begleiterin, die schon als Kind auf die Frage ihres Bruders, wogegen sie eine unüberwindliche Abneigung empfinde, die genauso lakonische Antwort gab: «Gegen Juden.»[97] Rilke übernimmt schon ein paar Tage später dieses Ressentiment in einem Brief an Hugo von Hofmannsthal: «Der Jude, der Judenjunge, um es geradeaus zu sagen, hätte mir nichts verschlagen, aber es mochte mir doch wohl auch die durchaus jüdische Einstellung zu seiner Produktion fühlbar geworden sein.»[98] Ein «Geruch wie von anderer Gattung, etwas Unüberwindliches», sei von Werfel ausgegangen. Dieses Urteil wird 1914 nach der Lektüre einiger neuer Gedichte Werfels wieder zurückgenommen: «...so erhebt sich auch jetzt wieder mein Gemüth zu einer einzigen Woge der Zustimmung, ich sehe mich bereit, viel eher eines jungen Menschen Ausdruck, Verhältnis und Figur für Zufall zu nehmen.»[99] Auch Werfel fühlt bei der Begegnung etwas Fremdes, etwas «Saftlos-Verfeinertes». Erst am Nachmittag dieses Tages verwandelt Rilke sich *in einen Menschen, der stockend von frühen Erlebnissen ... von Prag und seiner Kindheit erzählt*[100].

Franz Werfel macht in dem neugegründeten Verlag, der schon bald zum Sammelzentrum der jungen expressionistischen Autoren wird, seinen Einfluß selbstlos geltend. Bald schon ist er «der einflußreichste und richtungsweisende Mitarbeiter»[101]. Die Reihe «Der jüngste Tag» wird, so erinnert sich Kurt Wolff, im Mai 1913 eigens eröffnet, weil Franz Werfel «aus Weichheit» immer neue Dichter beim Verlag anbringt, die hier endlich «ein Versuchslabor»[102] finden. Schon im April setzt sich Werfel mit dem kaum bekannten Georg Trakl in Verbindung, berichtet ihm von *der tiefen Bewegung*[103] bei der Lektüre seiner Gedichte und fragt um Erlaubnis, eine lyrische Auswahl für den «Jüngsten Tag» vorzubereiten. Die Nummer 3 der Sammlung bringt Kafkas Erzählung «Der Heizer», das erste Kapitel des Romans «Amerika». Auf Werfels Vorschlag erscheint auf dem Umschlag ein Stahlstich des New Yorker Hafens.

Dem «Jüngsten Tag» ist ein einzigartiger Ausdruck der Zeit gelungen. Er ist die gelungenste Sammlung des literarischen Expressionismus. In dem ersten, Mitte April 1913 vorgelegten Vorstellungsprospekt zu der Textreihe schreibt Werfel programmatisch: *Der neue Dichter wird unbedingt sein, von vorn anfangen, für ihn gibt es keine Reminiszenz ... Die Welt fängt in jeder Sekunde neu an – laßt uns die Literatur vergessen!!*[104]

Von Leipzig aus unternimmt Werfel zahlreiche Reisen. Er ist inzwischen ein bekannter Autor, dessen Lesungen gut besucht werden. Mit Wilhelm Herzog, dem Chefredakteur der Literaturzeitung «März», fährt er im Frühjahr 1913 in einer Pferdedroschke laut singend durch die Straßen Schwabings, von den Blicken kopfschüttelnder Spießer verfolgt. Mit Walter Hasenclever reist er von dort weiter nach Italien. «Werfel, kräftig und breit mit einem offenen, fröhlichen Gesicht, einer Riesenstirn und schwarzen Locken. Hasenclever ... schmal und nervös, nachdenklich mit einem Schatten von Melancholie.»[105] In Malcesine, zu Füßen des

Monte Baldo am Ostufer des Gardasees, verbringt er mit dem Freund «auf Kosten des Verlages Kurt Wolff»[106] eine glückliche Zeit. Im Weltkrieg, als er in Michel de Montaignes Tagebuch einer Badereise im vierten Kapitel die Lobpreisungen des Gardasees mit seinen Oliven- und Orangenhainen und ausgezeichneten Fischen liest, wird er sich wehmütig an den *wunderschönen April in Malcesine* erinnern, an die *herrlichen Mahlzeiten in Osterien* und die Spaziergänge mit Hasenclever und Pinthus.[107] Die Landschaft wird im neuen Gedichtband *Einander* zum Raum der Geborgenheit.

> *Oliven im Silber, Oliven,*
> *Verschwebten um einen Pfad.*
> *Ein Maultier wankte auf Steinen.*
> *Gott warf sich aus seinen, zum Weinen,*
> *Unendlich geöffneten tiefen*
> *Augen auf uns herab.*[108]

Die Landschaft um den See gibt auch den Hintergrund zu einem Gedicht, das den Pantheismus des *Weltfreund* durch die christliche Vorstellung eines göttlichen Wesens erweitert. Das kühne thematische Zentrum von *Jesus und der Äser Weg* ist der Anspruch auf Vollständigkeit. Radikal wird jede Erlösung verneint, solange das Glück geteilt bleibt. Das Bild vom Leidensmann im Veitsdom von Prag, das schon dem Kind *überall hin mit seinen schwermütig-bohrenden Augen*[109] gefolgt war, wirkt noch immer. Schon in der kleinen Leipziger Erzählung *Das traurige Lokal* vom November 1912 taucht die Legende auf von Christus, wie er *an einem Menschentrupp vorbeiwallt, der um einen verwesenden Hund steht, wo jedermann über den Gestank der Leiche flucht*[110]. In dem Gedicht *Jesus und der Äser Weg*, dessen Grundidee Werfel in Goethes Noten zum «West-östlichen Divan» findet, tritt die apokalyptische Bildlichkeit in den letzten Strophen hervor, wenn Jesus den Strom von Aas, auf dem die Sonne tanzt, umarmt und die Frage stellt, ob Liebe sein kann, wo noch Ekel herrscht:

> *Er aber füllte seine Haare aus*
> *Mit kleinem Aas und kränzte sich mit Schleichen,*
> *Aus seinem Gürtel hingen hundert Leichen,*
> *Von seiner Schulter Ratt und Fledermaus.*
>
> *Und wie er so im dunklen Tage stand,*
> *Brachen die Berge auf und Löwen weinten*
> *An seinem Knie, und die zum Flug vereinten*
> *Wildgänse brausten nieder unverwandt.*[111]

Noch vor dem Krieg bekennt sich Werfel rückhaltlos zum Pazifismus. Bereits während der Schulzeit hat er Bertha von Suttners Klassiker der

«Verklärtes Selbstporträt» Franz Werfels, 1912

modernen Friedensbewegung «Die Waffen nieder!» gelesen. Jetzt, im Frühjahr 1914, vollendet er die Arbeit an seiner Nachdichtung von Euripides' «Troerinnen» mit dem Gefühl, *daß die menschliche Geschichte in ihrem Kreislauf wiederum den Zustand passiert, aus dem heraus dieses Werk entstanden sein mag*[112]. Euripides' Expressivität, die zynische Dämonie Kassandras, die tückische Berechnung Helenas und das ewige revoltierende Leid Hekubas um ihre Kinder liegen der Generation des «Jüngsten Tags» näher als die noch fest am unabänderlichen Schicksal festhaltenden Tragiker Aischylos und Sophokles. Wie Euripides' Warnrufe an die Athener, die zum sizilischen Feldzug rüsten, der in einer globalen Katastrophe endet, will Werfel mit seiner Bearbeitung auf *die Scheuß-*

lichkeiten, die der Staat heute ... im Namen seiner moralischen Verant-wortlichkeit[113] begeht, hinweisen. Die ewige Dämmerung der Tragödie, die am Ende von der blutigen Morgenröte des brennenden Troja abgelöst wird, bezeichnet genau die Atmosphäre der Vorkriegszeit.

Auf eine philologisch exakte Übertragung kommt es Werfel nicht an. Wuchtig erklingen die Daktylen der Kassandra, ekstatisch die Schreie Hekubas. Das Metrum wird stets mit der besonderen Expression der Menschen verbunden. Immer korrespondiert es mit der Musik und dem Tanz. Wichtig ist der Entschluß, Hekuba im Gegensatz zum attischen Drama die Schlußworte sprechen zu lassen. Nicht die Gemeinschaft, son-dern das inkommensurable Leid der einzelnen beendet das Stück, und zwar in einer Sprache, deren christologische Tendenz offensichtlich ist, obgleich Hekuba, wie Werfel sehr wohl sieht, nicht wie eine Heilige zur Verzeihung gelangt. Der Trotz dieses weiblichen Hiob im Angesicht der metaphysischen Leere und des geschichtlichen Desasters bleibt erhalten. Sein Nährboden aber ist bei Werfel der Glaube an die Möglichkeit des Menschen, zum Korrektiv des Bestehenden zu werden. Erst mitten im Krieg, am 22. April 1916, wird das Stück im Berliner Lessing-Theater un-ter der Leitung Victor Barnowskys aufgeführt.

Weil er *ideologisch fernbleibend, ohne höchste Verantwortung gegen sich* geraten sei, bleibt der die Linie der *Troerinnen* fortsetzende dramati-sche Dialog *Euripides oder Über den Krieg* ebenso Fragment wie das Drama *Esther, Kaiserin von Persien*. Beide Stücke scheitern bereits an den Wirrnissen des ausgebrochenen Weltkriegs.

Am 28. Juni 1914 sterben der österreichische Thronfolger Franz Ferdi-nand und seine Frau Sophie in Sarajevo durch die Schüsse des serbischen Gymnasiasten Gavrilo Princip. Am 28. Juli erklärt Österreich-Ungarn Serbien den Krieg. Es folgen in kurzen Abständen die Kriegserklärung des Deutschen Reiches an Rußland und Frankreich. Großbritannien er-klärt dem Deutschen Reich den Krieg. Tausende von Menschen geraten in einen Taumel des Aufbruchs, betrachten den Krieg als Erlösung von einem schwülen, stagnierenden geschichtlichen Zwischenzustand, aber auch von Arbeitslosigkeit und Hunger. Werfel schreibt: *Leset die Statisti-ken des Elends nach, die über das letzte Jahrzehnt vor dem Krieg aufge-nommen wurden. Ihr werdet finden, daß von Jahr zu Jahr die Lohnstreiks sich verdichten, die unterirdischen Revolten stärker grollen, das Er-stickungsleid der Seelen sich in sonderbaren Selbstmordepidemien zu ent-laden beginnt.*[114] Werfel spürt schon bei Kriegsanfang, daß der *Tiefkurs des Menschenlebens* längst vor der Blutbörse von Verdun, Galizien oder Serbien festgelegt worden ist. Die allgemeine *unbewußte Sehnsucht nach Blutvergießen*[115] trifft sich mit den Interessen der politischen Spekulan-ten. Nachdem der Krieg gerade erst einen Moment währt, kommt Werfel bereits zum einzig gemäßen Fazit.

Die Wortemacher des Krieges
Die große Zeit! Des Geistes Haus zerschossen
Mit spitzem Jammer in die Lüfte sticht.
Doch aus den Rinnen, Ritzen, Kellern, Gossen
Befreit und jauchzend das Geziefer bricht.[116]

Das Königlich-Bayerische Kriegsministerium verbietet den Abdruck dieses Gedichts. Noch bevor Werfel als Soldat zum Kriegsschauplatz abkommandiert wird, hat er sich für die Militärs disqualifiziert. Von seiner pazifistischen Gesinnung aber streicht er während der folgenden vier blutigen Jahre kein Jota.

In Leipzig wird bei Kriegsausbruch wie in anderen Städten des Reichs Jagd auf Nonkonformisten gemacht. Diese Massenpsychose läßt bereits das Schlimmste befürchten. Die Freunde müssen einrücken. Werfel hat Glück, wird zunächst zurückgestellt und kehrt zurück zu seinen Eltern nach Prag. Ihm gelingt es, immer mit dem Hinweis auf seine schlechte gesundheitliche Disposition, sich bis zu seiner Abkommandierung nach Bozen im April 1915 aus dem Kriegsgeschehen herauszuhalten. Im Café «Arco» faßt er mit Max Brod den Plan, die liberale «Partei der Realisten» dazu zu bringen, an die neutralen Mächte zu appellieren, um sie zu Friedensvermittlungen zu überreden. Das Unternehmen scheitert wie auch die Ausführung der Idee, mit Martin Buber, Gustav Landauer und Max Scheler einen Geheimbund gegen Militarismus zu gründen. Längst ist der Philosoph Scheler vom «Genius des Kriegs» überzeugt. Als Werfel Prag verläßt, stehen sich die kriegsgegnerischen Tschechen und die patriotischen Deutschen feindlicher gegenüber denn je zuvor. Wer nicht schwarz-gelb flaggt, macht sich des Hochverrats schuldig. Inmitten dieses Denunziationsklimas beginnt der ehemalige Offiziersbursche der k.u.k. Armee Jaroslav Hašek eines der größten Widerstandsepen der Weltliteratur.

Was ihn erwartet, weiß Werfel bereits von den Soldaten, die auf Heimaturlaub sind. Im April arbeitet er, nunmehr im feldgrauen Rock, bei der Leitung seines Feldhaubitzen-Regiments als Büroangestellter in Bozen. In einer Buchhandlung erhält er als Reclam-Buch die Streckfußsche Übersetzung von Dantes «Göttlicher Komödie», die ihn zusammen mit der Reclam-Ausgabe des «Faust» durch den ganzen Krieg begleitet.

In dem leider nicht vollständig erhaltenen *Bozener Buch* beschreibt Werfel den Traumzustand, der dann zu einem Unfall in der Schwebebahn führt. Um den dort versammelten Spießern zu entgehen, springt er zu früh von der Plattform des Wagens, wird von ihm mitgeschleift und muß mit schweren Verletzungen ins Spital gebracht werden. Dort liegt er wochenlang, umgeben von Verdächtigungen, er habe sich durch den Sprung vor dem Kriegsdienst retten wollen. *Mir ist sehr elend und traurig zumute*[117], schreibt er der Freundin Hilde Stieler. Zurück in Prag wirft er einen Blick in die Beobachtungszelle des Prager Garnisonsspitals und sieht für einen einen Moment einen der *fanatischen und ahnungslosen Knaben*[118], durch die der Krieg ausgelöst worden ist. Der Typograph Nedeljko Cabrinovic, Angestellter der Belgrader Staatsdruckerei und dritter Mann in der Reihe der Attentäter von Sarajevo, liegt dort, an tuberkulöser Drüsenschwellung leidend. Werfel hält im Tagebuch diese Begegnung fest, die 1923 als Erzählung erscheint. Beim Anblick des Fanatikers empfindet er die Unverhältnismäßigkeit von subjektivem Anlaß und objektiver Konsequenz: *Da stand nun der Knabe im gelben fremden Licht seiner Zelle, ein fortgeworfen abgeschminktes Requisit der Tragödie, unbewußt, doch durch das ihm Zugeteilte ein höherer Mensch; dieser arme, überall schwer durchlässige Körper war nicht nur Opfer der Gefängnisse und des Hasses der Monarchie, jeder von den Millionen Toten des Krieges bröckelte unerbittlich ein wenig von ihm ab.*[119]

Bevor Werfel im Frühsommer 1916 nach Galizien, an die russische Front, geschickt wird, verliebt er sich in die einunddreißigjährige Pragerin Gertrud Spirk, die während des Kriegs im Spital als Krankenschwester arbeitet. Kennengelernt hat er sie bereits im Oktober 1914. Täglich ist er am Heinrichsturm in die Straßenbahn gestiegen, um sie dort *mit angstvollem Herzen*[120] zu betrachten. Er unternimmt, obwohl sie an einem Gehfehler leidet, endlose Spaziergänge mit ihr, stellt sie der Familie vor und unterstützt mit ihr gemeinsam den lungenkranken jungen Dichter Karl Brand, der nach langem Spitalsiechtum und bitterster Armut schließlich an der Schwindsucht stirbt. Gertrud Spirk ist eine hochgewachsene Frau mit «schneeweißen Haaren, aber höchst jugendlichem und auffallend schönem Antlitz»[121], immerzu bereit, *mit guten Handlungen, mit praktisch-barmherzigen Eingriffen*[122] ihren Freund und zukünftigen Verlobten zu unterstützen. Werfel hat sie als *Heilige Elisabeth* porträtiert:

> *O Dämmerung ihres Haares,*
> *O Schritt, o Blick,*
> *Wie sie geht, die Schwester der fünften Stunde!*[123]

Die Briefe, die Werfel von seiner Geliebten in der nun folgenden schlimmen Zeit erhält, sind oft sein einziger Trost. Kahlgeschoren, in grober Montur, im Rucksack die eiserne Büchsenration, die Totenerkennungsmarke um den Hals, wird Werfels Kompanie nach kriegerischer Ansprache, Feldmesse und Kaiserhymne im Juni 1916 einwaggoniert. «40 Mann oder 6 Pferde» steht über dem Wagen. Werfel selbst hat Glück. Er bekommt die Erlaubnis, auf eigene Kosten etwas bequemer an die Front reisen zu dürfen. Nach einer Zwischenstation in Lemberg erreicht er seinen Standort, ein schmutziges kleines ostgalizisches Nest namens Hodów, ein paar Kilometer von Jezirna, immerhin einer Kleinstadt, entfernt. Werfel erblickt sogleich die Granattrichter und Löcher der Mörsergeschosse und erlebt den ersten Fliegerangriff, kurz nachdem er in einem als Telefonzentrale dienenden Blockhaus seinen Dienst begonnen hat.

Gertrud Spirk

Er hört von den Bluturteilen ohne Kriegsgericht, sieht das Vernichtungswerk der Minen und die Leichen und Tierkadaver im erstarrten Kot
der galizischen Erde. *Wenn ich vor dem wutverzerrten Gesicht eines hysterischen Kollegen fliehe und mich ins Gras lege, gleich wird der Himmel
durch Flieger beleidigt, und dann geht hinter mir und von allen Seiten das
ekelhafte Gebell los*[124], schreibt er der Geliebten am Morgen seines
26. Geburtstags. In jeder freien Minute versucht er, oft vergeblich, zu
schreiben: *... die Atmosphäre, in der ein Kübel nur rostig wird, kann der
Tod einer Geige sein.*[125] Er liest nun verstärkt die *wunderschönen* Bücher
seines Bekannten Martin Buber, auch Strindberg und Dostojevskij. Nur
langsam entsteht das eigene neue Buch, der *Gerichtstag*. *Welcher Gedanke*, schreibt er an Gertrud, *daß fast alles, was in diesem Buch steht,
unter den dümmsten Widerständen entstanden ist, also nicht nur innere
Mängel hat, sondern auch die Mängel des Nichtzuendegereiftseins. Mein
Pech ist groß.*[126] In einem Brief an Albert Ehrenstein präzisiert er: *Wenn
ich nicht in einer Trance wäre, wüßte ich nicht, was mit mir geschieht. Zu-*

Otto Pick und Franz Werfel in österreichischer Uniform

friedene Barbaren um mich verhöhnen, quälen und drücken mich, behandeln mich nach der Art einer entsetzlichen Demokratie. Ich glaube manchmal, daß mich nur ein Heiliger vor dem Irrsinn schützt. Habe dennoch mitunter gearbeitet...[127] Jahre vergehen, bis *Der Gerichtstag* 1919 bei Kurt Wolff erscheint.

Manieristische Blüten, barocke Hypertrophien und bloße Stilfiguren, davon wimmelt das Buch. Mit den ersten drei, thematisch verflochtenen Gedichtbänden verglichen, präsentiert es sich, was Form und Gehalt betrifft, als ein schroffes Gemälde der Uneinheitlichkeit. In den schlimmsten Kriegsjahren entstanden, zeichnet sich in ihm das Chaos der Zeit ab. Als wolle Werfel den von Granattrichtern übersäten Erdboden der galizischen und später dolomitischen Kriegslandschaft zum Innenraum der lyrischen Perspektive machen, werden deren Motive bestimmt durch die Metaphorik des Verfalls. Abgrund, Riß, Bruch, Rauch, Brennen, Grab, Fäulnis und Verwesung versammeln sich zur Topographie der Seele. In einer 1919 verfaßten, zu Lebzeiten nicht veröffentlichten Nachschrift zum *Gerichtstag* hat Werfel dazu geschrieben: *...und wenn es auch ein Haus von Gedanken ist, so ist seine Architektur nicht vorbestimmt, sondern es hat sich aus dem Zufall der Stunden zusammengefügt und Stein an Stein aneinandergepreßt mit dem Mörtel eines einheitlichen Leidens.*[128] Die Anrufung eines zuständigen und wissenden Gerichts hat Gleichnischarakter. *Immer tiefer mußtest du erkennen, daß Schatten-Sein Schuld bedeutet, wenn wir auch alle, ohne gefragt zu werden, als Schatten auf die Erde geboren werden.*[129] Demokratisch ist die Schuld auf alle Lebewesen verteilt. Wer sich zum Richter aufwirft, ist ein Lump. Im Gedicht *Einem Denker,* das sich auch mit dem Richter Karl Kraus auseinandersetzt, steht – ein Paradox – der Richtspruch über den Richter:

Denn wer zu Gericht sitzt
Über die Sünder,
Sitzt hinterm Kreuz, ist im Recht, braucht seiner Schuld nicht zu gedenken
  darf seine Sünde vergessen,
Und der Henker erspart die Pflicht, sich selbst den Kopf abzuhaun.[130]

Das im Krieg eskalierende Zerwürfnis mit Karl Kraus gehört zu den unglücklichsten Ereignissen im Leben Werfels. Es beginnt mit einem entstellten Zitat, einer Kardinalsünde in den Augen des Sprachkritikers. Im April 1910 betrachtete Werfel bei einem Spaziergang auf dem Ohlsdorfer Friedhof von Hamburg das Grab der jungen Schauspielerin Annie Kalmar, der nie vergessenen Liebe von Karl Kraus. In einer Rundfrage über den Satiriker in Ludwig von Fickers «Brenner» hat Werfel 1913 dieses Erlebnis festgehalten. *In ewigem Angedenken – Karl Kraus:* so habe die Inschrift auf dem Grab gelautet. Plötzlich, beim Lesen dieses Namens, habe er in einem *mystischen Erlebnis die namenlose Persönlichkeit des Wortes erfahren.* Über allem, was er über Karl Kraus schreiben könne, stünde von nun an unverrückbar diese Stunde, *die meinen Planeten an den seinen bindet*[131]. Nur im wahrlich schlimmsten Sinne soll sich das Wort vom planetarischen Zusammenschluß in den nächsten Jahrzehnten bewahrheiten. In Wirklichkeit lautet die Inschrift: «Ihrem Andenken gewidmet von Karl Kraus». In der Satire «Literatur oder man wird doch da sehn» wird dieser sich nach Jahren noch an Werfels Fehler erinnern[132] und gnadenlos dessen Vernichtung betreiben.

Dabei hat alles vielverheißend angefangen. Werfel zeigte sich bei den Prager Auftritten von Karl Kraus als dessen Bewunderer. Eine gute Bekanntschaft hatte sich entwickelt, Kraus wurde in der Mariengasse freundlich empfangen und zog mit dem Freundespaar Werfel und Haas durch die Kaffeehäuser. In der «Fackel» heißt es über Werfels Gedichte:

«In wessen Liebe die Welt so liebenswert wird, der schafft dem Weltfeind eine frohe Stunde.»[133] Kraus druckte, eine seltene Ausnahme des Monomanen, Werfels Gedichte ab. Der Einundzwanzigjährige ist begeistert: *Das Lob, das Sie der einen Strophe meines Gedichtes gönnten, hat mich heute Abend verrückt vor Freude gemacht.*[134] Werfel macht Karl Kraus mit Kurt Wolff bekannt, der daraufhin die Erlaubnis bekommt, das bislang noch unveröffentlichte Manuskript «Kultur und Presse» in seinem Verlag zu publizieren.

Am 22. Oktober 1913 wird der Vertrag geschlossen, doch nur kurze Zeit später zieht Kraus seine Einwilligung zurück. In der «Umgebung ... jenes fürchterlichsten Literaturmißwuchses, unter dessen hysterischer Annäherung und unruhvoller Befassung mit meinem Dasein meine Nerven seit Jahren ... zu leiden haben»[135], könne er nicht erscheinen. Der maßgebliche Grund für die Trennung ist der ungeheure Haß, mit dem Kraus nun Werfel verfolgt und der keineswegs literarische Gründe hat. Angeblich soll sich Werfel despektierlich über die von Kraus geliebte Sidonie Nádherný von Borutin geäußert haben. Der Konflikt schwelt, und Karl Kraus, allemal ein «Herkules der Kleinlichkeit» (Berthold Viertel), schäumt vor Wut. Werfel wird, wie zuvor Heine, Schnitzler und Hofmannsthal, mit penetranter Beharrlichkeit verfolgt. Vom Kollektivhaftungsprinzip getroffen steht Kurt Wolff nun als Mensch da, «in dessen Brust gleichfalls zwei ziemlich wertlose Seelen wohnen»[136]. Alle Versuche Werfels zur Aussöhnung scheitern. Kraus geht zum offenen Angriff über. In dem Spottgedicht «Elysisches – Melancholie an Kurt Wolff» zieht er über die Prager Dichter – «neukatholische Christen» – her: «aus dem Orkus in das Café Arco / dorten, Freunde, liegt der Nachruhm, stark o»[137].

Entsetzt von dem Ausmaß, das die Kontroverse in der Öffentlichkeit bereits angenommen hat, tritt Werfel die Flucht nach vorn an. Er beginnt mit den Mitteln der Satire, Karl Kraus auch im Werk zu bekämpfen. Die Erzählung *Der Verwandte*, in der ein jüdischer Assimilant vergeblich seine Herkunft verschleiern will, und die *Geschichte von einem Hundefreund*, der *der Welt täglich die absolute, die jüngste Rechtssprechung gibt*, läßt er lieber unveröffentlicht. Erst im *Spiegelmensch* greift er öffentlich zur Waffe der Polemik. *Ich will den Stadtklatsch zu einem kosmischen Ereignis machen und die kosmischen Ereignisse zu einem Stadtklatsch*, sagt Karl Kraus, der Spiegelmensch, *ein spaßiger Denunziant und Fürzefänger ... ganz zu schweigen von meiner Eignung als Stimmenimitator.*[138] Mit der magischen Operette «Literatur...», einer Satire auf den Expressionismus, schießt Karl Kraus zurück und übersieht dabei, daß der *Spiegelmensch* selbst bereits diese Bewegung persifliert hat. In einem Brief an den Strache-Verlag hat Werfel vorher bereits von dem *Zauberer* gesprochen, *der alle Gestalten jener Welt, die er selbst ist, in Tiere verwandeln kann*[139].

Karl Kraus, 1913

Karl Kraus verliert den Rest an Achtung. Sogar Werfels Familie, in der er einmal Gastfreundschaft genoß, wird zur parasitären Sippschaft, die, entgegen aller Wahrheit, jiddische Worte wie «Tachles» und «Schmonzes» gebraucht. Er hadert mit Begriffen wie «Chuzpe», «Luxuspapier für Dreck», «virtuose Impotenz», «Prager Judendeutsch», «Rasse der Neu-, Nach- und Nebbichtöner», schließlich «Dreck» und zahllosen Varianten aus dem Exkrementenbereich. Er gibt seinen fanatischen Jüngern den Auftrag, Stilblüten in Werfels Romanen zu suchen, die er dann pedantisch veröffentlicht. Am Ende aber folgt das Schlimmste. Nie hat es Kraus vergessen, auf Werfels Judentum, auf die «mischpochalen Dinge» in dessen Werk hinzuweisen. Zur Zeit der Judenverfolgungen durch die Nazis treibt ihn die Infamie so weit, daß er den Spieß umdreht. Als Max Reinhardt Werfels Bibeldrama *Der Weg der Verheißung* in New York inszeniert, nicht zuletzt, um die Welt auf das gegenwärtige Los der Juden hinzuweisen, wagt Kraus tatsächlich den Vorwurf, durch solche Stoffe würde der Antisemitismus geschürt, würden «unschuldige und wertvolle Glaubensgenossen ... entehrt und zertreten»[140]. Zur gleichen Zeit, als er die exilierten Schriftsteller beschimpft und kundgibt, daß er nicht «um einen Nobelpreis mit dem Tucholsky auf einem Scheiterhaufen brennen» will, macht er Werfel und Reinhardt zu «Züchtern des Antisemitismus».[141]

41

Den Beginn dieser Feindschaft erlebt Werfel in großer Entfernung vom literarischen Betrieb der Hauptstadt Wien. Er versieht zu dieser Zeit, unzählige Male von den Vorgesetzten schikaniert, weiterhin seinen Dienst an der galizischen Front. Immerhin avanciert er im Februar 1917 zum Korporal mit zwei Sternen. Die Kriegslage hat sich inzwischen zugespitzt. Daß Österreich-Ungarn nicht mehr länger als bis zum Herbst durchhalten kann, wird zur Gewißheit. In St. Petersburg kommt es zu Streiks und Unruhen. Die Revolution beginnt, der Zar tritt ab, Lenin verkündet die Aufgaben des Proletariats. Im April folgt die Kriegserklärung der USA an das Deutsche Reich.

Im März 1917 läßt Werfel sich beurlauben, um die Hochzeit seiner Schwester Hanna mit dem Papierfabrikanten Herbert von Fuchs-Robetin zusammen mit der Familie zu feiern. Er verbringt ein paar glückliche Tage mit Gertrud. Eine sehr vertrauensvolle Freundschaft verbindet ihn in dieser Zeit auch mit Alice Gerstel. Die Tochter eines reichen Prager Möbelfabrikanten versucht gerade, gegen den Willen ihres patriarchalischen Elternhauses, die Matura zu absolvieren. Alice schickt Werfel ihre Gedichte an die Front, verpflegt ihn mit selbstgebackenem Kuchen und berichtet ihm die Prager Geschehnisse. Werfel revanchiert sich mit einer Fülle von Ratschlägen. *Sie müssen fort aus Prag. Ihre Energielosigkeit Ihren Eltern gegenüber ist allzu groß ... Rette sich, wer kann!* [142], schreibt er im Mai 1917. In einem anderen Brief heißt es: *Wir sollten das nächste Mal ... nicht ... in Prag zusammenkommen, wo wir nicht ganz zwei Menschen im Weltraum sind ... Was meinen Sie zu Berlin?* [143] Offener noch als zu Gertrud äußert er sich in den Briefen an Alice über seine Selbstzweifel, über die Abstumpfung durch den Krieg, über Religiosität, Liebe und das dichterische Werk. Nachdem Alice ihm ihren Eindruck von einem Kirchenbesuch mitgeteilt hat, bei dem sie, von der abgedroschenen Predigt des Pfarrers angewidert, am liebsten den goldenen Jesus unter den Arm genommen hätte und mit ihm davongelaufen wäre, antwortet Werfel: *Die Griechen hatten die Tragödie, die ersten Christen die Katakomben, das Mittelalter den gotischen Katholizismus ... wir aber haben nichts als die Ironien unserer Nichtigkeit ... die Moral ist eine Kupplerin des Staates ... Uns wieder einen Sinn geben müssen wir, so leben, als hinge von unserem Leben die Erlösung ab. Das ist der ewig wache Sinn der imitatio Christi.* [144] Alice, eine gute Sängerin und Pianistin, läßt sich von Werfels Verdi-Begeisterung anstecken. Dem in den ersten Gedichtbänden ihres Freundes enthaltenen Zauber der Gemeinschaft, des *Einander* und *Wir sind*, hält Alice auf wissenschaftlichem Gebiet die Treue. Eines ihrer eigenen Bücher, die die Individualpsychologie mit dem Marxismus verbinden wollen, heißt «Der Weg zum Wir».

Kurz bevor die sogenannte Kerenski-Offensive Anfang Juli 1917 im ersten Ansturm die Ostfront durchbricht und Werfels Telefonbaracke, getroffen von schweren Geschützen, in die Luft fliegt, wird er dem

Alice Gerstel

Kriegspressequartier in Wien zugeteilt. *Mein Zimmernachbar ist Peter Altenberg, der mir, wie schon seit langem kein Mensch, einen ganz starken unnärrischen Eindruck macht, und den ich für die einzige originale Persönlichkeit unter den deutschen Dichtern heute halte.*[145]

Franz Werfel hat große Schwierigkeiten mit der Umstellung auf das Großstadtleben. Längst schon organisieren die zur Bekämpfung des Schiebertums eingesetzten Ämter selbst den Schleichhandel. *Sie sitzen in den Kanzleien der Militärämter oder in den hundert verborgenen Schlupfwinkeln jener phantastischen Unternehmungen, die der Vater Krieg mit der lotterhaften Dame Wirtschaft fruchtbar gezeugt hat.*[146] Arthur Schnitzler, mit dem er in dieser Zeit eine andauernde Freundschaft schließt, hat den verwirrten Zustand des gerade aus der galizischen Hölle in die Metropole gelangten Soldaten Werfel im Tagebuch festgehalten. «Werfel ... kommt von der Front ... sprach gegen Deutschland, kam übel an, – wurde confus, sprach Unsinn, wurde von uns allen zugedeckt ... Trotzdem wirkte er nicht übel.»[147]

Das Kriegspressequartier und das Kriegsarchiv gleichen einem Intellektuellenzirkel. Zu den angestellten Literaten gehören Franz Theodor Csokor, Alfred Polgar, Stefan Zweig, Albert Ehrenstein, Albert Paris Gütersloh, Robert Musil und Rainer Maria Rilke. Freigestellt vom Militärdienst wird im Mai 1917 auch Hugo von Hofmannsthal, der für propagandistische Aufgaben vom k.u.k. Ministerratspräsidium eingesetzt wird. Der Oberleutnant Egon Erwin Kisch arbeitet als Redakteur der Soldatenzeitung «Heimat», obwohl er als Oppositioneller längst der Wiener Polizeidirektion aufgefallen ist. Werfel gehört zu den ganz wenigen Angestellten, denen die Bewahrung ihrer Unabhängigkeit gelingt. Die meisten seiner Kollegen haben sich daran gewöhnt, die aktuellen Kriegstaten novellistisch zu garnieren. Als ihm die Abfassung einer Einleitung zu einer Kriegsfibel für Kinder befohlen wird, gehorcht er zwar, schreibt aber keinesfalls die erwünschte Glorifizierung. Nach einem ausführlichen Referat über die Geschichte des Wiener Kupferstich-Bilderbogens und über Lithographien für Kinder kommt er in ganz knappen Worten zur Gegenwart und bezeichnet den Weltkrieg als *schrecklichen Triumph der technischen Welt* [148].

«Totentanz Anno 17». Radierung von Otto Dix, 1924

Im Café «Central» in der Herrengasse, bald auch im benachbarten Café «Herrenhof», verbringt Werfel seine freien Stunden. 1929 wird er im Roman *Barbara oder Die Frömmigkeit* eine genaue Phänomenologie dieser Stätten geben. Das Café «Central» mit seinem Säulensaal und den anliegenden Nebenräumen beherbergt neben Schach- und Kartenspielern eine ganze Reihe von berühmten und gescheiterten Literaten. Die Koryphäen bilden an ihren Tischen Zirkel, zu denen man nur durch Beziehungen und signalisierte Devotheit Zutritt erlangt. *Unnachahmlich schlaff bewegten sich einige dieser Gestalten, ebenso wie die Vernachlässigung ihres gutbürgerlichen Anzuges unnachahmlich schlaff war. Zwischen angeekelten Lippen hingen erloschene Zigarren und Zigaretten, an denen zu saugen die Raucher viel zu gleichgültig schienen. Die Gesichter waren fast alle blaß, verfallen oder aufgedunsen. Sie seufzten vor unentrinnbarer Öde.*[149]

Zusammen mit Anton Kuh sitzt Werfel regelmäßig am Tisch des anarchistischen Psychiaters Otto Gross. «Die menschlich bedeutendste Figur, der ich je begegnete»[150], konstatiert Kuh in Übereinstimmung mit Werfels Urteil: *Der bedeutendste Mensch, dem ich im Leben begegnet bin. Trotz allem.*[151] Otto Gross, mit dem Werfel und Kafka bei einem frühen Zusammentreffen in Prag bereits die Gründung einer neuen Zeitung mit dem Titel *Blätter zur Bekämpfung des Machtwillens* besprochen haben, verkündet im Café «Central» seine wahrhaft revolutionären Theorien. Kafkas Charakterisierung des Zirkels trifft genau die charismatische Aura des Privatdozenten: «. . . die Stimmung der Anhänger Christi, als sie unter dem Angenagelten standen.»[152] Kafka erzählt von einer Eisenbahnfahrt mit Gross von Budapest nach Prag, bei der Gross ihm seine Lehre an einer Bibelstelle erläutert habe, die ihm aber unbekannt gewesen sei. Nun werden die Überlegungen von Gross, seine Ableitung der sexuellen Scham aus dem Geiste des theokratischen Monotheismus, der Niederlage des Weiblichen durch den Prophetismus, zum Zentrum von Werfels erstem Roman *Die schwarze Messe*. Keine andere Figur, abgesehen von ihm selbst, taucht im Werk so häufig auf. Gerade die Doppelrolle des kokainsüchtigen Gelehrten als Prophet der Erlösung vom Patriarchat und als Seelenmagier mit dem Anspruch auf konzessionslose Hörigkeit seiner Anhänger fasziniert Werfel. Nur langsam gelingt es ihm, der *fanatischen Weltunkenntnis und bewundernswert zerstörerischen Unbedingtheit*[153] von Gross die notwendige Skepsis entgegenzubringen. Dennoch bleibt er die *trotz aller Herabgekommenheit wertvollste Natur des Säulensaals*[154]. Der Lehre des Immoralisten, Vorstellungen wie die von der Tragödie der Kindheit durch die väterliche Aggression, vom Weltkrieg als Resultat des machtberauschten Patriachats, von der inneren Zerrissenheit als Konflikt des Eigenen und Fremden und der Verbindung von Sexualität und Autorität, bleibt Werfel in großen Zügen lebenslang verpflichtet. Sein Schmerz ist groß, als ihn im Februar 1920 die Nachricht erreicht, daß der Kokainist Otto Gross halb verhungert und erfroren auf der Straße gefun-

Otto Gross

den worden ist und schließlich in einem Sanatorium an Entzugserscheinungen und Lungenentzündung starb.

Eine nicht allzu lange während Freundschaft verbindet Werfel in dieser Zeit mit dem Erotomanen und Sonderling Franz Blei, der mit lässiger Grandezza seinen Anhängern im Café «Central» die neuesten Thesen über Kunst und Kultur verkündet. Als Werfel ihn in Wien trifft, versucht der als «Abbé» bekannte Literat gerade mit dem Schlachtruf: «Es lebe der Kommunismus und die katholische Kirche!» zwei überpersönliche, kollektive Erlösungslehren zu verbinden. Mit Blei veranstaltet Werfel an der Neuen Wiener Bühne eine Matinee. Blei liest Gedichte von Däubler und Trakl. Sybilla Blei, die attraktive zwanzigjährige Tochter, genannt Billy, stellt den noch unbekannten Robert Walser vor. Werfel rezitiert aus dem *Gerichtstag*. Oft trifft er sich mit Gina Kaus – *ein sehr nettes junges Geschöpf* – und Billy im Redaktionslokal der «Summa», einer von Blei gegründeten revolutionären Zeitung. Dort gebe es *immer elegante Damen, ein Klavier, wundervolle Bücher u.s.w.*, schreibt er an Gertrud. Nur wenig später folgt der verräterische Satz: *Ist es sehr gemein, daß ich mich moralisch so sehr auf Dich verlasse?*[155] Immerhin hat Werfel gerade vergeblich versucht, sein platonisches Verhältnis zu Milena Jesenská in eine amouröse Beziehung umzuwandeln. Auch mit Nina Kuh, einer der zum Gross-Kreis gehörenden drei Schwestern Anton Kuhs, die alle die freie Liebe propagieren, pflegt er engere Beziehungen.

Die endgültige Trennung von Gertrud Spirk wird freilich durch eine ganz andere Frau bewirkt. Am Nachmittag des 15. November 1917 stellt ihn Franz Blei seiner Bekannten Alma Mahler-Gropius vor, die seine Gedichte längst schon liebt. Eines davon, *Der Erkennende*, hat sie vor einiger Zeit vertont. Wenig gefällt ihr, der Erzkonservativen, die Tatsache, daß Werfel vehement für sozialistische Ziele eintritt. Alma hat später ihren ersten Eindruck von Werfel stilisiert. Aus dem unveröffentlichten Original ihrer Tagebücher, wo es heißt: «...ein ziemlich beleibter Jude mit vollen Lippen und glänzenden, mandelförmigen Augen» wird «ein untersetzter Mann, mit sinnlichen Lippen und wunderschönen großen blauen Augen unter einer Goetheschen Stirn» [156]. Unmittelbar nach diesem Abend treffen sie sich wieder, sprechen über Schönberg, Grillparzer, Wagner und Verdi und musizieren zusammen. «Er sang und ich spielte... wir wußten von keiner Welt mehr ... Franz Werfel ist ein wunderbares Wunder.» [157] Auch Werfel ist augenblicklich davon überzeugt, in Alma die Frau seines Lebens gefunden zu haben. Er weiß von ihren zurückliegenden Beziehungen zu Oskar Kokoschka, und er ahnt, wie schwer es sein wird, sie zu einer Trennung von dem Architekten Walter Gropius zu bewegen, mit dem sie seit über zwei Jahren verheiratet ist und mit dem sie seit einem Jahr ein Kind, Manon, hat.

Walter Gropius, der als Leutnant an der italienischen Front dient, ahnt nichts von dem neuen Verhältnis seiner Frau. Als er im Dezember zu einem Weihnachtsurlaub bei ihr eintrifft, erzählt sie ihm weder etwas von Werfel noch davon, daß sie schwanger ist. Der Zufall allein will es, daß Gropius unverzüglich nach seiner Abreise an die französische Front eine Depesche an Alma schickt, die ein Zitat des von ihm verehrten Dichters Werfel enthält: *Zerbrich das Eis in deinen Zügen*. Fast täglich, zunächst im Hotelzimmer, bald aber in Almas Wohnung, treffen sich die beiden. Ein väterlich-freundschaftliches Verhältnis gewinnt Werfel schnell zu der dreizehnjährigen Anna Maria Mahler, genannt Gucki. In Almas rotem Musiksalon trifft er Schnitzler, Schönberg, Franz Schreker, Fritz von Unruh und Alban Berg. In Wien ist die Verbindung zwischen der attraktiven Witwe Gustav Mahlers und dem Expressionisten und – eine Charakterisierung Schnitzlers – «verworrenen Communisten» Werfel schon im Frühjahr 1918 kein Geheimnis mehr. Die Salons der Stadt öffnen sich ihm plötzlich.

Äußerst schwer fällt Werfel seine Abkommandierung nach Italien und in die Schweiz. Deprimiert auch von der Hiobsbotschaft, daß sein Prager Freund und Schulkamerad, der Dichter Franz Janowitz, in einem Feldspital gestorben ist, macht er sich auf die Reise nach Triest. *Es ist ein furchtbares Gesetz, daß die höchst adeligen Menschen alle in diesem Krieg ausge-*

Alma Mahler-Gropius und Franz Werfel, Sommer 1919

rottet werden, aber es ist ganz gewiß so. Übrig bleiben wir brutaleren.[158] In Gemona freut er sich noch über das Wiedersehen mit den geliebten italienischen *Kulturmenschen*, über eine Zimmerwirtin, die ekstatisch die Gesänge der «Göttlichen Komödie» deklamiert. Bald darauf vergeht ihm die Freude. Im Isonzo-Tal wird er Zeuge der schrecklichsten Kriegsverwüstunger. In Görz verfaßt er – *Das ist ja nicht's entehrendes* [159] – einen Aufruf an die Bevölkerung zum Wiederaufbau der Stadt, der ihm später von Karl Kraus als Propaganda angelastet wird. *Quer durch die Straßen und zusammengestürzten Häuser schlängelt sich der Mäander verlassener Schützengräben, in denen schwarze Wassertümpel, Kothaufen, rostige Konservenbüchsen und Leichenteile faulen. Überbeschäftigte Scharen von Ratten, groß wie Katzen, lassen sich nicht stören.* [160] Er sieht die zerstörten Städte Friaul und Montefalcone: ... *ein Bild, das wie eine fürchterliche Narbe niemals vom Antlitz der Erde verschwinden kann.* [161] Sein Haß auf den Militarismus erreicht den Höhepunkt. Immer genauer erkennt er den Zusammenhang zwischen den Durchhalteparolen und dem Parasitentum der Machthaber.

> *Aber die Söhne der Wucherer funkeln*
> *Um Marmortische den Blitz der Monocle*
> *Vielfarbig in Sweater gewickelte Mörder*
> *Entfahren am Morgen verschneiten Hotels.* [162]

Auf seiner Vortragsreise durch die Schweiz soll Werfel ein günstiges Bild Österreichs geben. In Zürich fühlt er sich wie auf einem anderen Planeten. Die Läden sind gefüllt mit Lebensmitteln, Brot- und Fleischkarten sind unbekannt, und der Kaffee ist echt. Zürich ist dennoch ein politischer Brennpunkt, in der augenblicklichen Situation vielleicht «die wichtigste Stadt Europas ... ein Treffpunkt aller geistigen Bewegungen, freilich auch aller denkbaren Geschäftemacher, Spekulanten, Spione, Propagandisten» [163]. Vor Tausenden von Menschen hält er bis Mitte März in der gesamten Schweiz seine Vorträge. Aus der Propagandareise für Österreich wird eine pazifistische Tournee. Bevor er die Gedichte des *Gerichtstags* rezitiert, wendet er sich an das Publikum und spricht über die verzweifelte Situation der Gegenwart. In der Rede an die Arbeiter von Davos proklamiert er die Notwendigkeit eines religiösen Sozialismus. Heute aber könne man *all die irrsinnigen Verbrechen ... unter den uniformierten Macht-Wölfen* [164] nicht mehr hinnehmen. Seine Freunde halten den Atem an. Erschrocken vermerkt die gerade in Zürich sich aufhaltende Berta Zuckerkandl in ihrem Tagebuch: «Man ergeht sich in Vermutungen, ob er bei seiner Rückkehr nach Wien gehängt oder geköpft worden ist.» [165] Im März, nach seiner Ankunft in Wien, wird er unverzüglich zur Verantwortung gezogen. In dem für die geliebte Alma geschriebenen Zauberspiel *Die Mittagsgöttin* läßt er satirisch seinen Vorgesetzten vom Kriegspressequartier auftreten: *Ich mußte ... dem roten Gesindel nachspüren ... Der hat sich gegen Seine Majestät vergangen. Es heißt im Akt, er spioniere, und / Sei insgeheim mit der Entente im Bund.* [166] Werfel hat Glück, daß das Ministerium, um keinen Wirbel zu erzeugen, es bei einer Verwarnung beläßt.

Er fährt immer häufiger hinaus auf den Semmering, nach Breitenstein, wo Alma in 1000 Meter Höhe ein schönes, weitläufiges Landhaus besitzt.

Erst hier findet er seine zweite Heimat. Alma, die er *Hüterin des Feuers* nennt – es spricht für sich, daß er seiner Kinderfrau Babi denselben Titel verliehen hat –, ist bereits im siebten Monat. In der Morgendämmerung des 29. Juli 1918 geschieht das Unglück. Bei Alma haben schwere Blutungen eingesetzt. Einem aus Wien herbeigeholten Spezialisten gelingt es, sie zum Stillstand zu bringen. Werfel ist völlig kopflos, glaubt durch Zölibatsgelübde, Nichtrauchen und «Nicht-in-den-Spiegel-Sehen» seine mutmaßliche Schuld bekämpfen zu müssen. Am 5. August darf er Alma und den Sohn im Hospitalzimmer besuchen. Ein Vierteljahrhundert später noch erinnert er sich an diesen wichtigsten Augenblick seines Lebens: *Ihr langes blondes Haar liegt offen neben ihr auf den Kissen. Sie ist blutlos weiß im Gesicht, aber niemals war ihre Schönheit glorreicher ... Eine Krankenschwester neigt sich dort über das Körbchen, in dem das Kind liegt. Ich muß mich beherrschen, um nicht laut aufzustöhnen ... Ich bin der Vater, und dies ist mein kleiner Sohn. Ich bin die Ursache, und hier ist die Folge ... Ich kenne diesen kleinen fiebernden Knaben.*[167] Die Lebenschancen des Säuglings sind schlecht. Schon nach zwei Monaten wird eine Gehirnwassersucht diagnostiziert. Die Punktionen, die Ende Januar 1919 vorgenommen werden, helfen dem nach römisch-katholischem Ritus getauften kleinen Martin Carl Johannes nicht mehr. *Das Kind ist rettungslos verloren ... ich bin lange kaum bei Bewußtsein gewesen*[168], berichtet er der früheren Geliebten Gertrud nach Prag. Gerade zehn Monate alt stirbt Werfels einziges Kind am 15. Mai 1919. Bis zum letzten Tag seines Lebens denkt der Vater an seinen Sohn.

Almas Haus auf dem Semmering

Walter Gropius fällt nach der Nachricht, daß er nicht der Vater des Kindes ist, *wie vom Blitz getroffen zu Boden*[169]. Dennoch schreibt er an Werfel: «Ich komme, Sie mit der Kraft zu lieben, die mir zu Gebote steht.»[70] Diese Kraft reicht nicht lange. Gropius, der überzeugt davon ist, daß während des Kriegs «die Juden sich zu Hause mehr und mehr mästen», «die Juden, dieses zersetzende Gift»[171], schreibt noch 1919 an Alma: «Dein herrliches Wesen ist vom jüdischen Geist zersetzt worden. Einmal wirst Du zu Deinem arischen Ursprung zurückgehen.»[172] Ihre Ehe wird im Oktober 1920 geschieden.

Im Oktober 1918 liegt die Monarchie in ihren letzten Zügen. Die Ungarn, Slowenen, Tschechen, Kroaten und Deutschen lassen die Waffen in den Schützengräben zurück, um nach Hause zu kommen. Dort aber erwartet sie Hunger, Flecktyphus und Cholera, Marodeure, Streiks. Wucherpreise werden für Lebensmittel genommen. *Der Staat hält sich nur mehr, wie sich eine verbrannte Pappschachtel aufrecht hält, die ihre Form bewahrt hat, obgleich sie Asche ist. Ein Antippen mit dem Finger genügt und der Spuk sinkt zusammen.*[173] Plötzlich polarisieren sich die politischen Vorstellungen radikal. Ausgestorben ist der Typus des unpolitischen Menschen. Nach vier sinnlosen Jahren des Todes und der Verstümmelung drängt jetzt alles auf eine Entscheidung.

Am 28. Oktober entsteht aus den Trümmern der Monarchie die unabhängige tschechoslowakische Republik. Auf dem Deutschmeisterplatz am Ring versammeln sich am 1. November die Soldaten. Kisch, der mit Werfel erschienen ist, hält eine flammende Rede. Danach zieht die Garde mit den roten Armbändern zum Parlament, fordert ihre Repräsentanz im Staatsrat und hißt die rote Fahne. In den Kasernen der Rotgardisten trägt Werfel seine Gedichte vor. Er wird zum Revolutionspoeten. Entsetzt zeigt sich die Monarchistin Alma, als er in seiner alten, verschlissenen Uniform bei ihr auftaucht. «Seine Augen schwammen in Rot, sein Gesicht war gedunsen und starrte vor Schmutz ... Er roch nach Fusel und Tabak.»[174] Wahrhaft durchdrungen vom Bewußtsein eines historischen Wendepunkts, erfüllt vom Willen, Literatur und Lebenspraxis zu vereinigen, wird Werfel von der ungeheuren revolutionären Dynamik dieser Tage mitgerissen. Ganz blaß, mager und heiser sei Werfel geworden, notiert der Hauptmann Musil im Tagebuch. «Hat anscheinend keine Ahnung, was er tut, glaubt auf die Leute im Sinne friedlichen Umsturzes zu wirken. Er ist enorm komisch.»[175]

Als am 3. November die rote Garde sich bewaffnen will, beginnt Werfel skeptisch zu werden. Dennoch zieht er mit zum Gebäude des Wiener Bankvereins. Dort verkündet er am rechten Flügel der Demonstration das *Herniederschmettern wie eine Lawine auf alle, von denen sie jetzt ausgebeutet ... würden.* Da er sich für seine Aufrufe zur Erstürmung der *Geldpaläste* auf dem Polizeikommissariat verantworten muß, erklärt er, «er sei Anhänger des Urchristentums und daher gegen jede Gewalt»[176].

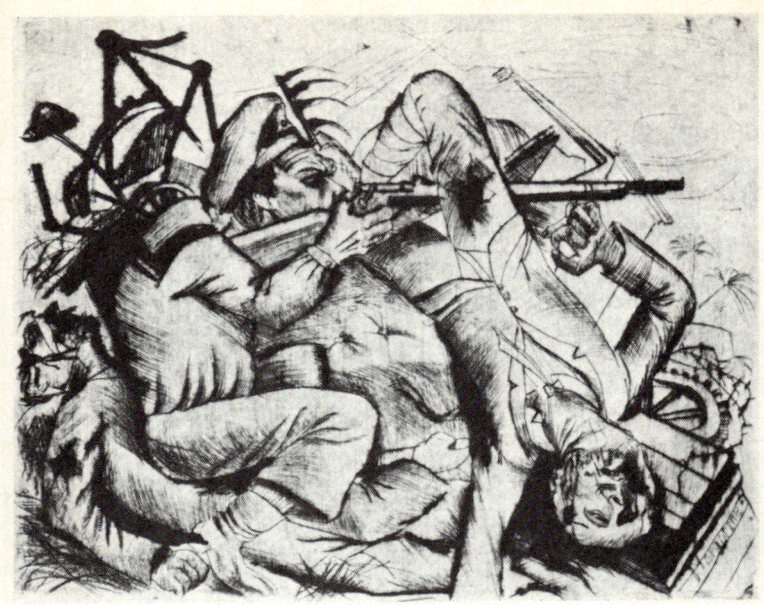

«Die Barrikade». Radierung von Otto Dix, 1922

Als er vor dem Landtagsgebäude den großdeutschen Abgeordneten Hermann Wolf von deutscher Erde, Bundestreue und deutschem Blut sprechen hört, reißt er sich wütend den Hut vom Kopf und schreit *Nieder mit Habsburg! Es lebe die Republik!* Die Reaktion des als Antisemiten bekannten Abgeordneten nimmt bereits das Ende der gerade erst beginnenden Republik vorweg: «Sind Sie ein Deutscher?»[177]

Am 12. November, dem Höhepunkt der November-Revolution, dem Marsch zum Parlament und der folgenden in Panik und Schießerei umschlagenden Kundgebung beginnt Werfels Abkehr von der Revolution. Ein seltsames Wiedererkennungserlebnis stellt sich ein. Als geschossen wird und er, der alten Soldatengewohnheit folgend, Deckung sucht, fängt er an, in der Revolution die Fortsetzung des Kriegs zu erkennen. *Das erstaunte Wimmern von Verwundeten drang zu ihm. Da sagte er zum Baum, hinter dem er stand, als erzähle er ihm eine alte abgedroschene Geschichte, einigemal das bedeutungslose Wort: «Aha...»*[178] Das Bekenntnis zur neugegründeten Republik Österreich und zum tschechoslowakischen Staat, dessen Bürger er nun ist, steht am Ende der revolutionären Tage. Als im Februar 1919 bei den ersten Wahlen der Republik die Sozialdemokraten siegen, steht Werfel bereits auf ihrer Seite. Dem Sozialistischen Rat der intellektuellen Arbeiter in Prag tritt er im Juli bei.

Ein stimmendes Orchester

Almitschka, lebe für mich! Ich sehe meine Zukunft nur in Dir. Ich möchte Dich heiraten, schreibt Werfel im Sommer 1919 seiner Freundin, *im vollen Bewußtsein des Leids und der Schmerzen, die wir uns gegenseitig schon zugefügt haben*[179]. Von nun an zieht er sich mehr und mehr vom öffentlichen Leben zurück. Limitiert werden die Kaffeehausbesuche, die meist in irgendeiner Wohnung am frühen Morgen des nächsten Tages enden. Auch seine Auftritte in Almas Wiener Salon gehören keinesfalls zur Regel. Immer seltener erklingt der Tenor des Verdi-Enthusiasten. Werfel spinnt sich auf dem Semmering ein. Es gibt Perioden, in denen er bis auf einen kurzen Schlaf rund um die Uhr schreibt.

Das Theaterstück *Spiegelmensch* zieht die Bilanz der zurückliegenden künstlerischen Entwicklung. «Was für eine Fülle an Lebenskraft», beurteilt im September 1920 Franz Kafka in einem Brief an Milena Jesenská das soeben erschienene Werk des Jugendfreundes. Er läßt es, «gierig zu-endegelesen an einem Nachmittag»[180], fast ohne Einschränkung gelten. Die *magische Trilogie* wird nach den *Troerinnen* Werfels zweiter Theatererfolg.

In einem ausführlichen Essay über die Dramaturgie und Deutung des Zauberspiels, einem limitierten Sonderdruck, den Werfel kaum ein Jahr nach seinem Erscheinen wieder einzieht, findet sich der Grundgedanke des Dramas. *Einer will, sein Spiegelbild erschießend, sich von allem Scheinstrebigen, Eitlen, Relativen seines Wesens befreien. Aber die Spiegelfigur springt tanzend und jubelnd aus Trümmern und Scherben, während er selbst verwundet zusammenbricht. Dies ist der nackte erste Einfall!*[181]

Die Idee, daß man das Böse zerleben muß, um zum großen «Om» der Bedürfnislosigkeit zu gelangen, entspricht, wenngleich vom distanzierten Autor mit viel romantischer Ironie verzahnt, durchaus den fernöstlichen Neigungen jener Periode nach dem großen Krieg. Die beiden am 15. Oktober 1925 stattfindenden Uraufführungen rufen ein großes Echo hervor. Dem experimentell-illusionistischen Bühnenbild Alexander Barnowskys in Leipzig steht in Stuttgart unter Fritz Holls Regie die vollständige Ersetzung sämtlicher Dekorationen durch projizierte Szenenbilder gegenüber, deren Immaterialität dem beherrschenden Spiegel- und Doppelgängermotiv entspricht. Werfel hat bei seiner Wiederaufnahme der österreichischen Tradition des Gedankentheaters, das er gegen das herrschende gesellschaftspsychologische Drama setzt, stark darauf geachtet, daß seine Anlehnung an Figuren wie Faust, Mephisto, Peer Gynt, Parsifal, Grillparzers Rustan oder Raimunds Astragalus so erkennbar wie möglich bleibt. Man kann *Spiegelmensch* als deren revuehafte Wiederauferstehung sehen. Bei Werfel starrt aus dem Spiegel das Unwirkliche und Trügerische den erschrockenen Betrachter an, wie eine Fratze. Damit wird Schopenhauers in der mystischen Tradition stehender Gedanke der Erscheinung eines höheren Seins im Spiegel geradezu umgekehrt.

Offensichtlich ist der autobiographische Bezug des Werks. Im Selbstzweifel der wie Werfel gerade 30 Jahre alt gewordenen Hauptfigur Thamal erscheint die paralysierende Angst vor der Unzulänglichkeit des eigenen Schaffens. *Du siehst in meinen Zügen / Den ewigen Fluch, Gott niemals zu genügen.* Dem durchschauten Ritual der aufgesetzten Rolle als ewig jugendlicher Weltfreund, dem Eingeständnis übermäßiger Eitelkeit gesellt sich die Erkenntnis der schemenhaften Existenz der Gesinnungsgenossen von gestern hinzu. Werfel rechnet ab mit den konspirierenden Insassen des «Café Central» genannten Schattenreichs:

> *Freunde? Wie hab ich vor ihnen gezittert*
> *Daß sie mich groß nur und würdig fänden!*
> *Sie wogen mich auch in gewitzigten Händen,*
> *Und taten entzückt und taten erbittert.*
> *Am meisten schätzten sie mich als Clown.*
> *Einem harmlos Schamlosen ist nicht zu mißtraun.*
> *Auch nickten sie zu meinen Psalmen und Suren;*
> *Doch heute sind sie kommune Naturen.*[182]

Kein Zweifel, das *Spiegelmensch*-Drama, *Trauerspiel, Posse, Oper, Ballet, Allegorie zugleich*[183], bezeichnet eine entscheidende Zäsur im Leben und im Werk.

Auch Werfels erster vollendeter Roman *Nicht der Mörder, sondern der Ermordete ist schuldig* ist eine Bilanz. Sein Thema, der Konflikt der Generationen, weist auf den Expressionismus zurück.

> *Wie wir einst in grenzenlosem Lieben*
> *Späße der Unendlichkeit getrieben*
> *Zu der Seligen Lust –*
> *Uranos erschloß des Busens Bläue,*
> *Und vereint in lustiger Kindertreue*
> *Schaukelten wir da durch seine Brust.*
>
> *Aber weh! Der Äther ging verloren,*
> *Welt erbraust und Körper ward geboren,*
> *Nun sind wir entzweit.*

"*Ich kann nichts essen*."
Der Sohn
I. Akt, 6. Szene

Ernst Deutsch
in der Titelrolle
von Hasenclevers
Drama
«Der Sohn», 1916

> *Düster von erbosten Mittagsmählern*
> *Treffen sich die Blicke stählern,*
> *Feindlich und bereit.*[184]

So lauten die beiden ersten Strophen der lyrischen Ballade *Vater und Sohn* aus dem Gedichtband *Wir sind*. Die Zusammenfügung von Mythos und Alltag ist zentral für Werfels ganzes Werk. Das Mittagsmahl, festliche Wiederholung des Urzwistes, wird zum Paradoxon eines ewigen Augenblicks. *Feindschaft, die im Weltall steht*[185], senkt sich in den Blick zwischen Vater und Sohn.

Es ist wichtig, Werfels lebenslange Auseinandersetzung mit dem Motiv vor diesem gleichnishaften Hintergrund zu sehen. Daß jeder Vater Laios und jeder Sohn Ödipus reinkarniert, ist auf das Mysterium ihrer ursprünglichen Einheit zurückzuführen. Werfels Freund Ernst Polak hat in diesem Sinn das Auftauchen des Ödipuskomplexes und der Vaterimago am Ende des 19. Jahrhunderts als Verfallsphänomen der patriarchalen Hierarchie der Herrschenden gedeutet.[186] Im Vater-Sohn-Konflikt hat Freud bereits in der «Traumdeutung» von 1900 einen literarischen Topos von unwiderstehlicher Anziehungskraft gesehen. Immer wieder tritt der Vater auf als Träger einer mysteriösen, unüberwindlichen Autorität. Er wird mythisiert zum rächenden Gesetzesgott, zur unberechenbaren Urkraft oder zum bösen Demiurgen, gegen den die Erlöserrolle des Sohnes aufgeboten wird. Dieser identifiziert sich meist mit den Entrechteten, Erniedrigten. «Im Kampf zwischen Dir und der Welt sekundiere ich der Welt», schreibt Kafka im November 1919 im «Brief an den Vater». Ein paar Wochen vorher läßt Werfel den Helden seines Romans *Nicht der Mörder, der Ermordete ist schuldig* sagen: *Ich identifiziere mich mit jedem Angeklagten.*[187] «Der Vater – ist das Schicksal für den Sohn»[188], heißt es in Hasenclevers berühmtem programmatischem Fünfakter «Der Sohn». Überhaupt wird mit axiomatischer Emphase stets die Ewigkeit des Problems formuliert. *Vergangenheit ist Vater, das Biologische und hereditäre Prinzip, die Zelle unseres leiblichen und seelischen Baus, gegen die wir nichts vermögen*[189], schreibt Werfel.

Im Roman-Fragment *Die schwarze Messe* wird der Kampf zwischen den Archetypen der männlichen und weiblichen Gottheiten dargestellt, der zur geschichtlichen Autokratie des Vatergottes führte. Auch hier gibt ein Modell von Otto Gross die Idee: jenen symbolischen Augenblick historisch zu rekonstruieren, an dem das Mutterrecht vom religiösen Monopol des Mannes ersetzt wurde. Das Fragment erweist sich als Auftakt all jener von Fabelwesen, Heiligen, Engeln, Dämonen, Gnomen, Göttinnen und Propheten bevölkerten Reinkarnations-Welt, von deren dantesker Ausformung zum poetischen Universum Werfels Dichtung bis zum *Stern der Ungeborenen* geradezu besessen ist. Zugleich erscheint, gegen den patriarchalischen Geist gesetzt, zum erstenmal die Erlösungstrias von Christentum, Weiblichkeit und Musik. Genau wie der immerfort unterdrückte Sohn den Inbegriff der Revolte repräsentiert, wird die Frau zum Inbegriff der Erlösung. Das Zauber- und Läuterungsspiel *Die Mittagsgöttin*, im Herbst 1918 nach der Geburt des Sohnes geschrieben, läßt mit der heidnischen Muttergestalt Mara das Weibliche als die erlösende metaphysische Kraft auftreten. Offensichtlich ist die in der Windstille des Mittags aus dem Kornfeld tretende Erscheinung nach dem Modell der geliebten Alma geschaffen.

Daß in der *grausigen Fiktivität* und *Wahnsucht* des Mannes sich die väterliche Autorität, die *Patria potestas*, die größte *Unnatur, das verderbliche Prinzip an sich*[190] verkörpert, wird von der anarchistischen Bruderschaft behauptet, in die der unglückliche Karl Johann Duschek, der Sohn eines Generals, Enkel eines Oberleutnants und Urenkel eines Stabsprofossen gerät. *Nicht der Mörder, der Ermordete ist schuldig* heißt nach einem albanischen Sprichwort die große Novelle, die in der zweiten Hälfte des Jahres 1919 in *rasendem Tempo* in Breitenstein entsteht. Darin tritt ein wirklich erbarmungsloser, eifersüchtiger und doch auch bemitleidenswerter Vater als Exponent der Weltordnung auf.

Die Erzählung handelt vom Leben eines verzweifelten Menschen, der von seinem despotischen Vater und seiner servilen, abgestumpften Mutter um seine Kindheit und seine Jugend geprellt worden ist. *Wie habe ich immer die Knaben beneidet, deren Väter in den Portierslogen oder an den Türbänken gelassen und freundlich an Sonntagnachmittagen ihre Pfeife rauchten, und wie erst die Buben in den Bürgerzimmern, wo der Hausherr behaglich gerötet, in Hemdsärmeln, die Virginia im Munde und ein halbgeleertes Bierglas vor sich, an dem weißen Tisch saß,* lautet der Beginn der Novelle. In einem sumpfigen galizischen Nest muß Karl Johann die ihm widerwärtige Existenz eines Leutnants der k. u. k. Armee führen. Dort wird ihm seine verpfuschte Existenz, die ihm befohlene Wiederholung der väterlichen Karriere, erst ganz bewußt. In den taillierten Waffenröcken der Kameraden, in ihren blitzenden Lackstiefeln und scharfgebügelten Hosen taucht das Gespenst des Vaters unablässig wieder auf. Karl Johann durchschaut den Schein. Er ist selbst aber eine «Luftexistenz». Mit dieser Unzugehörigkeit besiegelt er seine ausgegrenzte Situation und macht sich zum Opfer eines Komplotts. Eine *unüberwindliche Selbstzerstörungslust in mir zog wie ein Blitzableiter den Verdacht an*[191], heißt es in auffälliger Ähnlichkeit mit Kafkas aus der Anonymität plötzlich herausgestellten Gestalten. Zurückversetzt nach Wien, wo der Vater nach dem Tod der Mutter wieder geheiratet hat, stößt der Held zu einer Gruppe antipatriarchalischer Anarchisten. Dort macht er Bekanntschaft mit den Lehren Stirners, Bakunins und Kropotkins. Erstmals fühlt er sich geborgen.

Schließlich kommt es, nach schlimmsten Demütigungen und der Verhaftung als Staatsfeind, zur letzten Begegnung zwischen Vater und Sohn. In ihrer erzähltechnischen Konzentration kann sie als erster wirklicher Höhepunkt in Werfels Prosa gelten. Im Bild der so ausweglosen wie ewigen Rotation verdichtet sich das Geschehen in einem Sinnbild. Als der zum Mord bereite Sohn den Vater um den Billardtisch jagt, geschieht die bezeichnende Umkehrung. Plötzlich ändert sich die Rollenverteilung. Unklar wird, wer der Jäger und wer der Gejagte ist. Das irrsinnige Umkreisen des Tischs, von dem auch der vom Vater als Schmarotzer attackierte Franz Kafka berichtet, endet mit der Aufgabe der Mordabsicht. Der Sohn entdeckt sich selbst im Vater. *In meine Beine fuhr ein Rhythmus, über den ich nichts vermochte. Gebieterisch streckte ich die unbewaffnete Hand aus. Der Vater duckte sich noch tiefer, schützte mit den beiden Händen sein Hinterhaupt, und ich, ich verfolgte ihn gleichmäßig stampfenden Schrittes, Runde auf Runde um den Billardtisch.*[192] Am Ende ver-

Franz Werfel. Zeichnung von Else Lasker-Schüler

liert der alte Mann den Schlafrock, die Pantoffeln, steht plötzlich nackt vor seinem Sohn, fällt auf die Knie und fleht: *Tu es schnell!* In dieser Geste der Preisgegebenheit noch liegt die Macht des Vaters. Der Teufelskreis der Jagd um den Billardtisch schließt mit der Regression des einstigen Maßes aller Dinge zum hilflosen, nackten Opfer. In der äußersten Schwäche und in der äußersten Entblößung des Vaters entdeckt der Sohn sich selbst. Der Mord käme deshalb einem Selbstmord gleich.

Bereits Gottfried Keller hat von der dünnen Kulturdecke gesprochen, welche uns von den wühlenden und heulenden Tieren des Abgrunds noch notdürftig zu trennen scheint und die bei jeder gelegentlichen Erschütterung einbrechen kann. Daß sich die Niederschläge dunkler, traumatischer Ereignisse der Urzeit unreduziert noch unter den Krusten der Gegenwart befänden, ist im Spätsommer 1920, als Werfel sich an die Arbeit zu seinem neuen fünfaktigen Drama *Bocksgesang* macht, für Freud längst ein Axiom. Offensichtliche Regressionen zu primitiven Seelentätigkeiten drängen den Vergleich von Urhorde und moderner Masse geradezu auf. An der galizischen Front hat Werfel erfahren, zu welchen Grausamkeiten auch der zivilisierte Mensch des 20. Jahrhunderts fähig ist.

In «Totem und Tabu» beschrieb Freud noch vor dem Ersten Weltkrieg diese atavistischen Tendenzen. Er erörtert dort auch psychologische Theorien eines ursprünglich weiblichen Glaubens, wonach das Tier, welches die Phantasie der Frau in jenem Moment beschäftigt habe, da sie sich erstmals schwanger fühlte, wirklich in sie eingedrungen und von ihr in menschlicher Form geboren worden sei.[193] Genau das ereignet sich im Drama. Werfel kennt das Buch und überhaupt, wie eine Tagebuchnotiz vom Herbst 1922 verzeichnet, *ziemlich den ganzen Freud*[194]. Bei seinem neuen Bühnenstück aus dem gleichen Jahr gibt schon der Titel die archäologische Intention preis, die das Tier im Menschen ans Tageslicht bringen soll. *Bocksgesang*, also tragodia, so hießen die Tänze und Dithyramben des dionysischen Kultus, die dann, poetisch verfeinert, den Beginn des antiken Dramas einleiteten. Um nichts anderes als um das Wiederauftauchen des längst Vergangenen, der Atavismen, geht es in diesem Drama, das *in einer slavischen Landschaft jenseits der Donau an der Wende des achtzehnten zum neunzehnten Jahrhundert*[195] unter Bauern, Landlosen und muselmanischen Janitscharen spielt. Natürlich kennt Werfel den Bericht Lukians, wonach Pans Vater in der Bocksgestalt sich mit Penelope verbunden habe. Er weiß auch, daß es Unglück bringt, wenn der Mittagsschlaf des Pan gestört wird. *Die Alten haben geglaubt, daß zur sonnigen Mittagsstunde etwas aus der angespannten Natur springen kann*[196], heißt es in *Bocksgesang*. Plötzlich bricht das Reich der Zwischennaturen auf, und das *daemonium meridianum*, das Mittagsgespenst, erscheint. Zarathustras Prophezeiung, daß «der große Mittag, da der Mensch auf der Mitte seiner Bahn steht zwischen Tier und Übermensch»[197], nahe ist, findet sich bei dem Revolutionsfanatiker des Dramas, dem Studenten Juvan, wieder. In einer Dorfkirche verkündigt er dem Volk den neuen Gott, der sich hinter dem Ikonostas, der Wand um das Allerheiligste, noch verbirgt: *Ihr Alle! Euer Antlitz verbirgt Tier-Todeskampf, Tier-Gestorbenheit. Überwach bin ich ... Er ist die Rückkehr, er ist die Heimkehr! Aus dem Urwald der Nacht sind wir gebrochen, blinzelnd ins Tageslicht. In den Wald wollen wir zurückkehren.*[198]

Im Drama bricht das Bocksmonstrum, der 23 Jahre in einem Verschlag geheimgehaltene Sohn eines reichen Bergbauern, aus seinem Stall aus. *Die Urverwirrung steigt an die Oberfläche. Das verborgene Tier stößt uns auf*[199], erkennt zu spät der Physikus, der unbewußt selbst eine Rolle beim Akt der Wiederkehr des Verdrängten gespielt hat. Ausgerechnet der aufgeklärte Atheist und Voltaireianer nämlich ist es gewesen, der durch eine Fehlleistung – er vergaß, die Stalltür zu schließen – das atavistische Geschehen eingeleitet hat. Voltaires Verdammung des Aberglaubens hallt in der Figur des Physikus bis ins südliche Slowenien hinein. Dort aber zerbricht die Aufklärung am Umschlagen von materieller Not in fanatische Zerstörungswut, von Revolution in magische Dämonologie.

Auch den neuen Gedichtband *Beschwörungen*, beendet im Spätherbst 1922, beherrscht die atavistische Motivik. Der dominierenden Nacht-, Höllen- und Schuldmetaphorik des *Gerichtstags* folgt jetzt der Weg zu den Dingen selbst. Er führt von der Reflexion zur Anschauung, von der Abstraktion zum Bild. Die Weltphänomene, stets Entsprechungen des Bewußtseinszustandes, werden an ihrer Erscheinung erkannt und zum Sprechen gebracht. Die Oberfläche birgt das Wesen. Buchstäblich verschlingt sich das Ich mit der Welt. Landschaftsseele und Seelenlandschaft sind vereint. *Auf meinem Rücken dehnen / Sich Gletscher und Moränen*[200], heißt es im Gedicht *Mond*. Immerfort wird der Leib zum zeitlich-räumlichen Knotenpunkt zwischen Innen und Außen. In den *Mensch und Tier* genannten Balladen und Mythen des Bandes wird die Idee der Metamorphose zentral. Beim Betrachten eines Panthers löst sich das Ich auf. *Bis der angestarrte Mann, der regungslose, / Unterging in großer Tierhypnose.*[201] Wer *erkennt den verschlossenen Ausdruck der Tiere?*[202], fragt Werfel. Aufgenommen werden in den Versen Vorstellungen der Kabbala, die die Wanderung der menschlichen Seele auch in unreine Tierleiber oder gar noch weitere, niedere Existenzformen annimmt. In der *Polarballade* heißt es: *Und aus tausend Mäulern wie Posaunen / Bricht des Lebens riesiges Erstaunen.*[203] Immer wieder erscheint die Verbindung des Uralten mit dem Jetzt, die Idee der Rückfälligkeit der Natur in einen vergangenen Zustand der Geschichte, das Zurückgehen auf Relikte ältester, kultischer Herkunft.

Im Herbst 1922 beendet Werfel mit nicht gerade gutem Gefühl sein neues Schauspiel *Schweiger*. Im Tagebuch vermerkt er am 9. Oktober: *Ob das Stück wahr ist, weiß ich heute nicht.*[204] Viele Motive darin, die Idee einer totalitären Suggestionskraft oder der frenetische Haß auf die Revolution, sind von der geschichtlichen Wirklichkeit dieses aufgewühlten Nachkriegsjahrs vorgegeben worden. Zweifellos gehören die Ermordung seines Bewunderers Walther Rathenau und seines Gesinnungsgenossen Gustav Landauer durch Rechtsextreme dazu. Noch während Werfel an den letzten Zeilen des Stücks arbeitet, marschieren die italienischen Faschisten auf Rom. Schon die Änderung des Titels, der anfangs *Der Massenmörder* lauten soll, offenbart die Schwierigkeiten mit der Hauptfigur. Aus einer zunächst rein pathologischen Studie wird im Verlauf der Arbeit ein Stück über die Zerrissenheit einer Generation von «Luftmenschen», die weder einen Halt mehr in der Werteskala der Tradition noch einen Zugang zum neuen, sachlichen, technischen Zeitalter gewinnen kann.

Franz Schweiger, Besitzer einer Uhrmacherwerkstatt, muß erleben, wie die eigene Vergangenheit ihn einholt. In einem Wahnsinnsausbruch

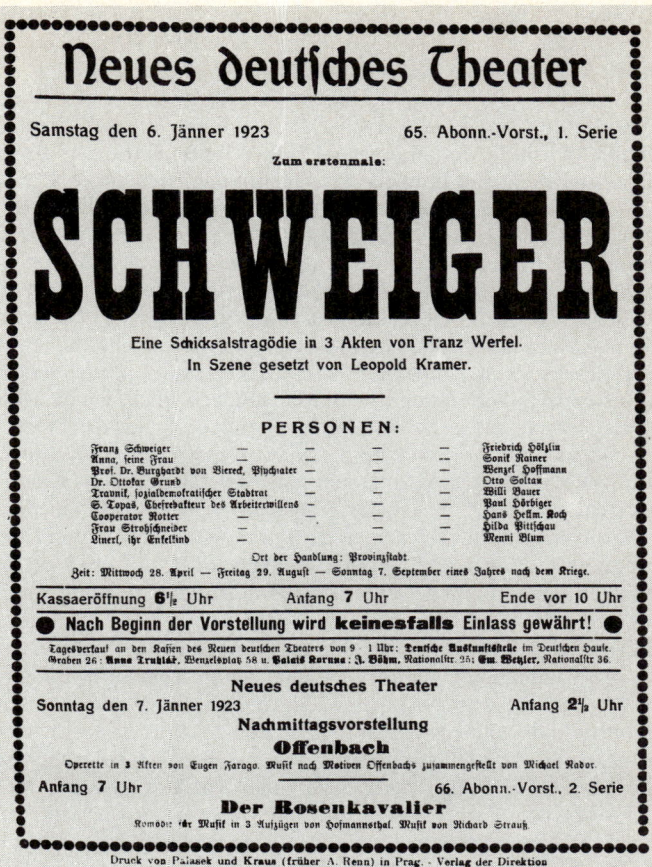

hat er vor Jahren aus dem Fenster seiner Wohnung in die Menge geschossen und ein Kind tödlich verletzt. Der Professor von Viereck, ein Psychologe, stellt eine Psychose fest. Schweiger verschwand in der Anstalt, verließ Europa, kehrte zurück und heiratete Anna, die nun ein Kind von ihm erwartet. Er fühlt sich geheilt, keiner weiß von seinem Leid. Die Wiederholung des Traumas aber kündigt sich an. Die Welt, die in Form einer Spiritistin, eines sozialdemokratischen Abgeordneten, eines Geistlichen und eines Reporters in seinem Laden erscheint, versucht ihn zu vereinnahmen. Das Motiv der *Versuchung* ist offensichtlich. Über den Geist der neuen Zeit läßt Werfel keinen Zweifel. *Was wir brauchen, ist ein neuer*

61

Führertypus, schreit der Journalist. *Geister, die uns vom nur-ökonomischen Dogma erlösen ... Führer, Führer! Ich kenne Herrn Schweiger nicht näher. Aber das fühlt man sofort: In dem Mann steckt ein Führer.* [205] Was allen mißlingt, gelingt einzig dem Repräsentanten einer neuen, paralysierenden Form der Macht. Der Psychiater Viereck, der mit seinem Gehilfen Grund (Modell für ihn ist Otto Gross) Schweiger aufspürt und dessen schwangerer Frau die Geschichte des ehemaligen Patienten erzählt, ist ein *Soldat des weißen Krieges gegen die rote Brut,* dessen psychosynthetische Therapie *in strengem Gegensatz zur auflösenden semitischen Richtung einen rein aufbauenden Charakter hat ... Ich kann den Vergessenheitstrunk reichen und den Gedächtnistrunk wie nur irgendein Zauberer unserer Sage.* [206] Viereck repräsentiert die äußerste Verbindung von irrationalistischer Machtbesessenheit und wissenschaftlicher Akribie. Werfels Gestalt zeigt nicht nur das kalte Interesse von Büchners mit Menschen experimentierendem Doktor, sondern auch jenen sadistischen Seziergeist, dessen neue Waffen, Psychoterror, Schocktherapie, Gehirnwäsche, zum Folterarsenal der Gegenwart geworden sind. Schweiger kapituliert, nachdem sich Anna von ihm abwendet und das Kind abtreibt. Am Schluß wiederholt sich der Zwangsmechanismus. In einem erneuten Wahnsinnsanfall will Schweiger, der kurz zuvor ertrinkenden Kindern das Leben gerettet hat und als Held gefeiert wird, auf eben diese Kinder schießen. Erst in letzter Sekunde besinnt er sich und stürzt sich aus dem Fenster.

Die Uraufführung des dreiaktigen Trauerspiels im Stil des magischen Realismus findet am 6. Januar 1923 am Neuen Theater in Prag statt. Erst in der Berliner Erstaufführung zeigen sich mit Ernst Deutsch in der Hauptrolle die expressiven Möglichkeiten des Stücks. Sogar Alfred Kerr ist begeistert. Das Dilemma des Werks, das die Ästhetisierung der Krankheit nicht ohne Willkür betreibt, erkennt der Arzt Arthur Schnitzler sofort: «Auch das Pathologische hat seine Gesetze. Es war nicht notwendig, einen total unmöglichen Krankheitsfall zu erfinden.» [207] Schwerer noch sind die Einwände, Franz Kafkas. Werfel liest ihm das Stück selbst vor. Es kommt zu einer Auseinandersetzung, nach der Werfel, so der Bericht von Kafkas Freundin Dora Diamant, weinend das Zimmer verläßt. «Daß es etwas so Entsetzliches geben kann», murmelt der gleichfalls weinende Kafka vor sich hin, der sich zu einem Entschuldigungsbrief an Werfel entscheidet. Um das Scheinleben seiner Figuren erträglich zu machen, habe Werfel eine «ihre Höllenerscheinung verklärende Legende» erfunden, eben die psychiatrische Geschichte, ein Verrat an «den Leiden einer Generation». «Dabei ist mein Gefühl dem Stück gegenüber so persönlich, daß es vielleicht nur für mich gilt» [208], fügt Kafka in einem Brief an Brod hinzu. Bis auf die Tränen ist von Werfels Reaktionen auf diese keineswegs unberechtigte Kritik nichts bekannt. Zu vermuten ist, neben anderen Gründen, daß Kafka die Tragödie ihres gemeinsamen Freundes Otto

Franz Kafka,
1923/24

Gross, der unter Wahnsinnskuratel gestellt worden war und vor noch
nicht langer Zeit elend ums Leben gekommen ist, auf unzulässige Weise
von Werfel kolportiert sieht.

Am 18. Dezember 1911 hat Kafka im Tagebuch sein Verhältnis zu Werfel grundlegend festgehalten: «Er ist gesund, jung und reich, ich in allem
anders. Außerdem hat er früh und leicht mit musikalischem Sinn sehr
Gutes geschrieben, das glücklichste Leben hat er hinter sich und vor sich,
ich arbeite mit Gewichten, die ich nicht loswerden kann und von Musik
bin ich ganz abgetrennt.»[209] Immer wieder ist in Tagebüchern, Briefen
und überlieferten Äußerungen Kafkas von Werfel die Rede. Im Traum
hatte er Werfel sogar einen Kuß gegeben, und es spricht viel dafür, daß
auch Werfels Gedicht *Der Kuss* in Erinnerung an Franz Kafka geschrieben worden ist. *Ein tiefer Kuß vereinte unser Leben ... Der Kuß von Mann
zu Mann ... Ich will den Traum des Kusses überwinden.*[210] Der Fall
Schweiger hat an der Intensität der Freundschaft nichts geändert. Weiterhin besucht Werfel während seiner Prag-Aufenthalte den Freund. Wie
zuvor sprechen sie über ihre literarischen Pläne. Parallele Motive in ihren
Werken, die mit Gewißheit von solchen Gesprächen herrühren, lie-

63

ßen sich in großer Zahl anführen. Kafkas kurzes Prosastück «Gibs auf!» und Werfels Gedicht *Der rechte Weg* etwa sind fast zur gleichen Zeit entstanden. In beiden Texten geht es um die vergebliche Suche eines Menschen nach dem richtigen Weg zum Bahnhof, um die Diskrepanz von innerer und physikalischer Zeit.

Mit großer Besorgnis hat Werfel die schlimmer werdende Krankheit des Freundes beobachtet. In einem Brief an Brod heißt es: *Ich denke so oft an ihn, sehe ihn, wie er in einem schrecklich unpersönlichen Zimmer im Bett liegt... Kann nichts geschehen, diesen seltenen Menschen zu retten?*[211] Als Werfel diese Zeilen schreibt, ist Kafka, der an tuberkulöser Laryngitis leidet, bereits vom Tode gezeichnet. Eine Einladung Werfels, ihn in Venedig zu besuchen, muß er ablehnen. Im April 1924 wird er in die Abteilung für Hals- und Kehlkopfkrankheiten der Wiener Universitätsklinik eingewiesen. Unglücklicherweise kommt er in Behandlung zu dem Rhinologen Markus Hajek, einem Schwager Schnitzlers, der ein Jahr zuvor bereits bei der Behandlung von Sigmund Freuds Krebsgeschwulst versagt hat. Erst als Werfel zum wiederholten Male darauf insistiert, daß Kafka mit größerer Vorsicht behandelt wird und ein Einzelzimmer bekommt, gibt der Arzt nach. «Ich weiß, wer Kafka ist – der Kranke von Nummer zwölf. Aber wer ist Werfel»[212], schimpft er. Auch als Kafka in das Sanatorium Kierling bei Klosterneuburg überwiesen wird, kümmert sich Werfel um ihn, schickt ihm Rosen und seinen eben veröffentlichten Roman *Verdi*, das letzte Buch, das Kafka liest, «unendlich langsam, aber regelmäßig»[213]. Es spricht alles dafür, daß er seinen Freund zum letztenmal Ende April, kurz vor seiner Abreise nach Venedig, besucht hat. Gegen Mittag des 3. Juni 1924 stirbt Franz Kafka. Sein Andenken bewahrt Werfel bis zum Tod. Ein *Herabgesandter, ein großer Auserwählter* sei er gewesen, aber auch *eine ziemlich bleiche Blume, eine Kellerblume fast*, die doch duftete. *Dieser Abstand zwischen ihm und mir, der ich nur ein Dichter bin, war mir immer bewußt.*[214]

Ein stimmendes Orchester ist das Chaos, das der Erlösung wartet[215], schreibt Werfel in seinem letzten Roman *Stern der Ungeborenen*. Von ihm läßt sich rückwirkend ein großer Phrasierungsbogen schlagen. Im ersten Roman *Die schwarze Messe* werden die aufeinander abgestimmten Musikinstrumente zum Inbegriff eines harmonischen Weltgeschehens. Jedes hat seine Aufgabe, seinen Ort und seinen Charakter. *Nun fingen die Geigen zu stimmen an; die leeren Saiten rauschten unter den Bögen, wie die Elemente des Waldes und des Wassers, die keine Seele haben. Manchmal aber glitt ein zitternder Finger über das Griffbrett, und der Anlauf einer Melodie mischte sich in das leere Rauschen, der Augenaufschlag einer Menschenseele voll flüchtiger Entzückung. Die Stimmen der Klarinetten und Oboen waren kühl und schmerzlos, ihre kurzen Läufe flatterten wie irre Vereinsamungen durcheinander. Das Fagott glich einem schlaftrunkenen Fettwanst spät am Wirtshaustisch, die hohe Flöte einem bösen Weib*

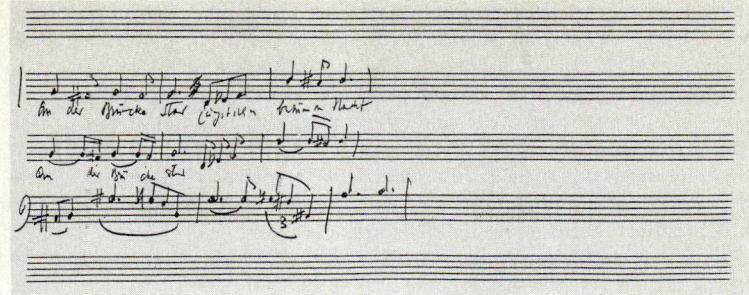

«Venedig». Aus einer Komposition von Franz Werfel

und die Bässe strengen abweisenden mürrischen Greisen, die ein mildes Herz verbergen. Ich zitterte am ganzen Körper.[216]

Es ist kein Zweifel, daß in der Lyrik Werfels sich die Erinnerung an die Kindheit und die Bewahrung der vergangenen Zeit im erstarrten Augenblick vom *Weltfreund* bis zu den Heimwehgedichten des Exils stets musikalisch bestimmt. Was für die Musik als unmittelbarsten Ausdruck eines von der Materialität befreiten Seins gilt, trifft auch für das Gedicht zu. Werfel schreibt Variationen, Oden, Wanderlieder, Abendlieder, Trinklieder, Lebenslieder. Seine Gedichte heißen *Die Damenkapelle*, *Litanei eines Kranken*, *Gesang der Memnonsäule*, *Novembergesang*, *Todescavatine*, *Die Musik auf dem Wasser geboren* oder *Der Dirigent*. Es finden sich Hymnen, Eurythmien, Totenpsalter und Totentänze.

Franz Werfels Ausdrucksformen sind immer musikalisch. Die rhythmische Reimprosa, die psalmodierenden Langzeilenstrophen, die häufigen Barkarolentakte, das arienhafte Melos, Adaptionen der Fugentechnik, kontrapunktische Konstellationen, polyphone Stimmführungen sind nur einige Beispiele hierfür. Das gilt ebenso für die Metaphernwelt der Prosa. Dort stehen Menschen *rettungslos in einer Polyphonie grauer Halbtöne*[217], Gerüche singen, Türen seufzen, Gepäckstücke keuchen, Militärhörner bleiben *mit goldbraun gespreizten Flügeln einen Augenblick lang über dem Tal der Stadt schweben* und von den Brücken Prags schwingen *verschiedenartige Melodien von Ufer zu Ufer*.[218] Zur Apotheose aller Versöhnung von Musik und Sprache, Ton und Mensch wird Werfel die italienische Oper mit ihrem Primat der Kantilene: Monteverdi, Rossini, Donizetti und allen voran Giuseppe Verdi. In einem Brief an Gerhart Hauptmann schreibt er: *Verdi war mein musikalisches Jugenderlebnis, ein eigenes Erlebnis, das ich gegen Haß, Mißachtung, Unglauben verteidigen mußte. Eine verlachte Liebe ist die ehrgeizigste Liebe, die es gibt.*[219] Werfel hält dem Maestro, dessen Bildnis das Gymnasiastenzimmer ebenso schmückt wie die späteren Arbeitszimmer, lebenslang die Treue. Davon zeugt keineswegs nur der Roman über den Komponisten. 1926 entsteht die Nachdichtung von Piaves Libretto zur «Macht des Schicksals». 1930 wird an der Wiener Staatsoper «Simone Boccanegra» mit der Werfelschen Textbearbeitung gegeben. 1932 schließlich folgt die zusammen mit Lothar Wallerstein ausgearbeitete Fassung von «Don Carlos». Werfel ergänzt diese Bearbeitungen durch zahlreiche Essays, setzt sich mit der oft wütenden Kritik auseinander und gibt zudem noch 1926 eine ausgezeichnet kommentierte Edition der Briefe Verdis heraus.

In fast allen Erinnerungen an Werfel taucht seine Leidenschaft für Verdi auf, dessen Stern zu Beginn des 20. Jahrhunderts nicht gerade sehr hoch steht. Von *den musikalisch neunmal Weisen bitter verlacht*[220], propagiert der sangesfreudige Pennäler Werfel sein Idol mit dem Einsatz seines ganzen Körpers. Willy Haas berichtet, daß die Salonorchester der Prager Bars mit einer Arie aus «Rigoletto» oder «Troubadour» einsetzten, wenn die beiden Freunde den Raum betraten.[221] Werfel sei es unter «Zur Hilfenahme von Händen, Füßen und noch der Nase»[222] gelungen, das berühmte Quartett aus dem letzten Akt von «Rigoletto» mit seiner äußerst diffizilen Zusammenführung der unterschiedlichen Melodietypen gleich in allen Stimmen wiederzugeben. Von der riesigen Freitreppe des Leipziger Reichsgerichts gibt er seinen Freunden 1914 im Morgengrauen ein Konzert aus «Maskenball», «Ernani» und anderen Verdi-Opern. Genauso emphatisch präsentiert sich schon der Gymnasiast bei den Prager Verdi-Aufführungen Angelo Neumanns. Im Neuen Deutschen Theater, unmittelbar am Stadtpark gelegen, hört der Halbwüchsige bereits die großen italienischen Sänger. In dem mit rotem Samt und Goldgips drapierten pompösen Saal mit dem monströsen Glaslüster in der Mitte ist die ganze Familie ein häufiger Gast. Unumstrittener Höhepunkt sind die Auftritte Enrico Carusos, die der Gymnasiast sofort imitiert. Vom beziehungsreichen Garderobier des Café «Continental» verschaffen sich Werfel und Haas die Karten zu den stets ausverkauften Veranstaltungen. Bald ist der Schüler so weit, daß er ganze Akte wiedergeben kann. Dabei bleibt er durchaus Autodidakt. Seine eigenen Kompositionsversuche – er vertont zum Beispiel ein Gedicht Nietzsches – haben mit der italienischen Tradition nichts zu tun. Ihr modernistischer Charakter erinnert eher an Schreker oder Zemlinsky, dessen Wendung gegen das *dicke neudeutsche Musizieren*[223] er bewundert. Mit dem Avantgardismus Weberns kann er sich so wenig anfreunden wie mit dem spätromantischen Einfallsidealismus des Verdi-Feindes Pfitzner. Hinter den zwölf- und atonalen Strömungen glaubt er die Mathematisierung der Kunst zu entdecken. Der Verdacht, daß hier ein Schwund an originärer Kreativität durch willkürliche Abstraktionen kompensiert wird, verläßt ihn – trotz aller Bemühungen Almas – nie. Intellektualität und Gesang haben, daran hält Werfel fest, im Wesen nichts miteinander zu schaffen.

Giuseppe Verdi

Zu den wenigen modernen Komponisten, die er gelten läßt, gehört Gustav Mahler, dessen Naturbeschwörungen er in einem kleinen Porträt rühmt. Respektvoll verehrt er Schönbergs Streben nach dem Abstrakten: *. . . eine Willensgröße und ein Vollkommenheitsideal, das einer zwecktrüben und sinnzermürbten Zeitgenossenschaft kaum mehr begreiflich ist.*[224] Der Plan einer Zusammenarbeit an «Moses und Aron» wird ebensowenig realisiert wie ein Libretto für Richard Strauss». Für die Uraufführung von Alban Bergs «Wozzeck» setzt er sich mit Alma, der das Werk gewidmet wird, unermüdlich ein. Wagner bleibt für Werfel lebenslang der große Zerstörer. Den *Weltgeist in Noten*[225], hätte ihn Hegel nennen können, schreibt er: *Man mag diese Sprache lieben oder hassen, gleichviel, alle Zeitgenossen sind ihr erlegen und alle Nachfahren bis auf den heutigen Tag.*[226] Als Repräsentant einer psychologischen Atomisierungstechnik, in dessen Musik die Individualität in der unendlichen Melodie so verlorengeht wie der Begriff des Ich in der spätbürgerlichen Gesellschaft, wird Wagner geradezu zur Inkarnation der zentrifugalen Moderne. *Giuseppe Verdi hat von Richard Wagner nichts angenommen*[227], behauptet Werfel sehr mutig. Verdi sei der

67

Mit Helene Berg, Alma, Alban Berg (v. l.) bei einer Autofahrt

Retter der Melodie, der zudem das *ironisch-spielerische Verhältnis* zu seiner Kunstform bewahre. Je größer der Ich-Verlust, desto uneingeschränkter offenbart sich der ästhetische Schein. *Illusionismus! Du sollst nicht wissen, daß du träumst.*[228] Diese auf Wagner bezogene Formel einer Wirkungsästhetik, die sich als Welttotalität aufspreizt, bedeutet das Ende der für das Theater unabdingbaren Ironie, *daß die Dinge dieser Welt nicht ganz wirklich sind*[229]. Werfel hat die Polarität Wagner und Verdi durchaus auch in geographischem Sinn verstanden. *Wir südlichen Menschen,* teilt er einem Journalisten im Mai 1920 mit, sollten die *große ariose . . . musikalische Macht* des Wortes gegen die antimelodischen, expressionistischen *Revierwachtmeister-Kommandi* verteidigen. Sein Herz hänge mehr denn je an der Musik der großen Bögen, der Stretti, *an den großartigen, atemschwingenden Unsinnigkeiten des Theaters*[230]. Nietzsches gegen Wagner gerichtete Gedanken über den «Süden der Musik» finden bei ihm ein offenes Ohr.

Verdi, Werfels Künstlerroman, läßt diese mediterrane Leidenschaftlichkeit unentwegt erscheinen. Der Plan zu einem Werk über den verehrten Maestro ist noch in der Schulzeit gefaßt worden. Werfel beginnt damit nach einem fünfwöchigen Aufenthalt in Venedig im Sommer 1923. Gleich im Vorbericht zitiert er zur Abschreckung der Kritik Verdis Variationen des alten aristotelischen Primats der Fabulierkunst über die Historiographie: *Die Wahrheit nachbilden mag gut sein, aber die Wahrheit erfinden ist besser, viel besser.*[231] Werfel geht diese Arbeit nicht leicht von der Hand. *Zweifel, Zweifel, Zweifel – Ich habe starke Hemmungen, ja eine gewisse Scham vor diesem Werk!*[232], vertraut er dem Tagebuch an. Das Buch habe Fehler, die *teils im Genre, teils im Stoff und teils in mir liegen*[233], schreibt er Alma. Tatsächlich weist der im April 1924 erscheinende, für eine Volksausgabe später nochmals vollständig überarbeitete Roman Brüche auf. Gut gelungen sind das Atmosphärische und die Gestaltenzeichnung. Störend wirken die fortgesetzten didaktischen Interpolationen des Erzählers, langgestreckte essayistische Passagen, die Werfel leider nicht in die ästhetischen Debatten der Figuren selbst gelegt hat. Hervorzuheben ist der authentische Gehalt. Ernst Bloch lobt die latente, auf Befreiung ausgerichtete Spannung in der Schilderung der unproduktiven Zeit Verdis: «... gut erfunden, nämlich gefunden, ist ... am späten Verdi das allemal Odysseehafte der Produktion ... das Abenteuer des Durchbruchs, der schwere Johannistag des neuen Werks, des im Roman entstehenden ‹Othello›, als entstünde er eben jetzt.»[234]

Erzählt wird von der Schaffenskrise in Giuseppe Verdis Leben. Mit einem *Nachspiel* vom wiederauferstandenen Verdi, einem Ausblick auf «Othello», schließt der Roman. Eine Apotheose der Schaffenskraft folgt den langen Jahren des Selbstzweifels. Erst als Verdi den Versuch aufgibt, gegen Richard Wagner zu kämpfen, als er das gescheiterte Dokument dieses Kampfs, die Partitur seines «Lear», verbrennt, gelangt er aus dem Bann des Antipoden. Im Gegensatz zu Wagner, dem Antisemiten und

Venedig: der Lido

großen Hasser, transformiert sich bei ihm das Ressentiment nicht zum kreativen Nährboden. Im Gegenteil! Am 13. Februar 1883 läßt ihn Werfel die Gondel besteigen, um zum Palazzo Vendramin zu fahren und Wagner die Freundschaft anzubieten. Neben dem für Werfel bis ins Spätwerk wichtigen Thema der Feindesliebe, einer Erbschaft Dostojevskijs, ist dieser letzte selbstlose Schritt seines Helden aus dessen eigener Entwicklungslogik motiviert. Genau darauf, daß seine Produktivität in dem Augenblick wieder erwacht, an dem er sich als Künstler aufgibt, zielt der Handlungsablauf. Vor der Hoftür des Palazzo angelangt, erfährt Verdi, daß Wagner soeben gestorben ist. Verdi aber erkennt, daß Wagner gar kein Feind, sondern nur die Chiffre des Selbstzweifels war. Dem Tod Wagners folgt die Auferstehung Verdis. Diese Ambivalenz von Lebenskraft und Verfall ist, variiert und versteckt in allen Figuren und Geschehnissen des Werks, das zentrale Motiv von Werfels Künstlerroman.

Im Stadtteil San Polo, in der Nähe des Rio dei Frari und nur wenige Minuten vom Canal Grande entfernt, liegt das schon recht heruntergekommene Haus, das Alma im Sommer 1922 erwirbt. Die «Casa Mahler», mit einem kleinen Garten-«Paradies» versehen, wird zum Ausgangspunkt von Werfels Expeditionen in die weniger frequentierten Außenbezirke der Stadt. Beharrlich wird im Verdi-Roman das Traumwirklichkeits- und Liebestod-Venedig, die Märchenperspektive des fremden Besuchers also, zurückgenommen. Am Romanschluß heben sich ihre Nebelschwaden vollends. Alles wird deutlich. Im Norden der Stadt, zwischen dem Sacca della Misericordia und dem Rio di Santa Giustina, liegt das «Ospedale Civile». *Es ist eine rechte Lagune der Verwesung, ein stygischer See, der mit bleiernen Fluten den furchtbaren Schatten der liebenden, lachenden Körperwelt wälzt: Krankheit, Exkremente, geronnenes Blut!*[235] An die Stelle des romantischen Leidens mit seiner Ambivalenz von Schönheit und Verfall rückt die wirkliche Leidensqual.

In seinen Theaterstücken vollzieht Werfel in den folgenden Jahren den endgültigen Bruch mit dem Illusionismus der expressionistischen Bühne. Er entdeckt die Geschichte. In den Historiendramen *Juarez und Maximilian* (uraufgeführt 1925), *Paulus unter den Juden* (1926) und *Das Reich Gottes in Böhmen* (1930) zeigt sich darüber hinaus Werfels Hinwendung zu der als «Neue Sachlichkeit» inventarisierten Periode einer neuen wirklichkeitsnahen Dichtung. Werfel sammelt ab jetzt vor jeder größeren Arbeit dokumentarisches Material, um das nun verhaßte *losgelassene Fabulieren* zu vermeiden: *... jede poetische Freiheit ohne strenge Begründung erschiene mir als unkünstlerischer und verletzender Leichtsinn.*[236] Dabei bleibt sein Geschichtsbild statisch. Daß die Geschichte als Teil des organischen Lebens dessen zyklische Beschaffenheit teilt, daß paradigmatische Grundtypen in der Historie *unberührt bleiben von den extremen Verwandlungen und Entwicklungen*[237], gilt als Axiom bis ins Spätwerk. Die Konflikte in den drei Geschichtsdramen sind demgemäß nahezu identisch.

Jerusalem, 1930

Am Abend des 15. Januar 1925 geht Werfel zusammen mit Alma im Triester Hafen an Bord der «Vienna». Diese erste große Reise, die er unternimmt, soll über Ägypten nach Palästina, nach Jerusalem führen. Beim *Spionieren* auf dem Hinterdeck des Dampfers entdeckt er alte orthodoxe Juden aus Galizien, dazwischen junge, intellektuelle Zionisten, alle auf dem Weg nach Erez Israel, nach Palästina, dem Land der jüdischen Volkwerdung, das augenblicklich unter britischer Mandatschaft steht. Im Reisetagebuch vermerkt Werfel: *Die Zionisten zeigen unbedingt eine gesteigerte und konzentrierte Stimmung. Sie sind zueinander offensichtlich gut ... Es ist zweifellos etwas anderes in ihnen. Wer Augen hat, der sehe!*[238] An seiner politischen Ablehnung des Zionismus hält er freilich auch noch beim Anblick der hoffnungsfrohen Pioniere fest. Ihr ostentatives Hissen der Palästina-Fahne, ihr Nationalismus sei zutiefst anachronistisch: *... jetzt müssen sie zeigen, daß sie dasselbe können, was sie an anderen Völkern so verlacht und verachtet haben.*[239]

Schon formen sich die Charaktere des Paulus-Dramas. Zahlreiche Reflexionen über die unterschiedlichen Formen jüdischer Identität füllen das Tagebuch. Beim Anblick der betenden und musizierenden Auswanderer glaubt Werfel eine spezifische Gestik zu erkennen, die in ihm selbst noch steckt. *Der Assimilant kämpft einen zweifelhaften Kampf gegen die-*

71

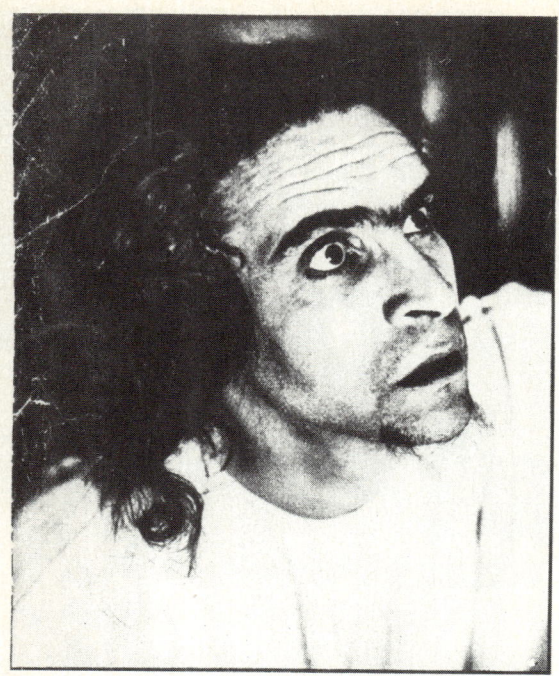

Ernst Deutsch als «Paulus unter den Juden».
Deutsches Theater Berlin, 1929

sen Automatismus, der uns in den Gliedern steckt.[240] Werfel besucht Bubers und Kafkas Freund Hugo Bergmann, inzwischen Leiter der Jüdischen Nationalbibliothek in Jerusalem, trifft sich mit dessen Bibliothekar, dem Kabbala-Forscher Gershom Scholem, und besichtigt ohne Rücksicht auf Almas Proteste die in unwirtlicher Gegend gelegenen zionistischen Kibbuzim und Ackerbauschulen, wo man gerade versucht, die sozialistische Produktionsweise zu realisieren. Kaum bleibt ihm Zeit, sich in Jerusalem genau umzuschauen, der Stadt, die zum Handlungsort der als Trilogie geplanten dramatischen Legende *Paulus unter den Juden* wird. Der Held des Stücks fühlt sich unter seinen ehemaligen Glaubensgenossen so fremd wie sein Dichter unter den Zionisten. Beide aber halten an der unabdingbaren Bindung von Judentum und Christentum fest. *Dem Fleisch nach ein Jude, dem Geiste nach ein Christ wie Paulus ... den ich verstehe wie mich selbst*[241], diese Worte einer Romanfigur geben unmißverständlich die Identifikation ihres Schöpfers wieder. Am jüdisch-römischen Assimilanten Paulus zeigt Werfel, daß erst die Entfernung vom Ursprung eine Heimkehr zu ihm ermöglicht.

Franz Werfels Schwierigkeiten, den historischen Stoff zu bewältigen, sind groß. Das Lob, das ihm später der Religionswissenschaftler Schalom Ben-Chorin, Schüler und Freund Martin Bubers, zukommen läßt, hat er sich mühsam verdient. Paulus sei «eine intuitive jüdische Sicht des Paulus», die nur «ein großer jüdischer Dichter» mit «dem untrüglichen Gespür für unterschwellige geistesgeschichtliche Zusammenhänge»[242] habe schaffen können. Noch im Juni 1926 schreibt Werfel verzweifelt an Schnitzler über die Tücken des Sujets: *Ich ändere Szenen, Charaktere, Worte und komme zu keiner Klarheit ... Dabei ist das ein Stoff, der sich immer wieder verschließt und andere Abgründe öffnet.*[243]

Nicht die Bekehrung des Paulus noch seine organisatorische Tätigkeit als Prediger einer neuen Kirche interessieren Werfel. Um die unmittelbare Wirkung der Gottesvision vor Damaskus auf den mutmaßlichen Epileptiker geht es, um die darauf folgende Auseinandersetzung mit dem Patriarchen und Rabban Gamaliel. In dem Disput mit dem väterlichen Lehrer wird die Kernfrage nach der Messianität Jesu ausgetragen. Paulus ist der Mann, *der etwas Großes, etwas Unsagbares, Unbeschreibliches soeben erlebt hat und in diesem Augenblick, halbbetäubt noch, nichts anderes weiß, als: Das ist die Wahrheit, das und nichts anderes.*[244] Paulus' Tragik ist die absolute Unvereinbarkeit von subjektiver Erfahrung und historischer Situation. Hierin wurzelt seine Sprachlosigkeit. Er ist eine Figur, die ein Erlebnis vermitteln soll, dem noch keine Begrifflichkeit zur Verfügung steht. *Die Zeiten des Wortes sind zu Ende*, sagt Paulus. Der Disput am Jom Kippur, dem Versöhnungstag, bringt die äußerste Polarisierung von Judentum und Christentum. Schroff stehen sich die auseinandergefallenen Zeiten gegenüber. Paulus nennt den Rabbi Jesus den Sohn Gottes, *der war, ehe die Welt war.* Gamaliel sagt über den Messias: *Der Ewig-Künftige ist er!*

Die Reaktionen auf das am 30. Oktober 1926 vom Düsseldorfer Schauspielhaus uraufgeführte Stück, das in den nächsten Jahren über alle großen deutschen Bühnen geht, sind gemischt. Stefan Zweig erkennt sofort Werfels Intention, das Christentum als zeitlich-historische Aufeinanderfolge zum Judentum zu fassen. «Sie haben die entscheidende Wende bloßgelegt – Vision als Geschehnis gesehen, Geschehnis als Vision gestaltet.»[245] Bei einem Besuch bei Sigmund Freud wird auch dessen Interesse an Werfels Stück geweckt. Freud selbst weist, wie zuvor Nietzsche im «Antichrist», an Paulus die Genealogie des Schuldbewußtseins nach. Paulus habe die Erbsünde, das kardinale Verbrechen gegen den Vatergott, nicht als Mordtat erinnert, sondern zur Erlösungsbotschaft umfunktioniert: «... die dunklen Spuren der Vergangenheit lauerten in seiner Seele, bereit zum Durchbruch in bewußte Regionen.»[246] In einem Brief legt Freud seine Bedenken gegen Werfels christologische Konstruktion nieder. Werfel antwortet: *Alles eher wollte ich als das «Christentum verklären». Im Gegenteil! Ich habe dieses Stück als Jude geschrieben. Und kein*

Augenblick schien mir für das Judentum «dialektischer», «tragischer» zu sein, als der, wo sich die antinomistische Richtung (Christus) von der Thora und der Nation ablöst, und in der Person des abtrünnigen Paulus die Welt erobert.[247]

Franz Werfels Stücke werden mit großem Erfolg an den bedeutenden deutschsprachigen Bühnen aufgeführt. Am 27. Oktober 1926 wird Werfel zum Mitglied der Preußischen Akademie der Künste, Abteilung Dichtkunst, ernannt. Seine Popularität erreicht den Höhepunkt. In einer Meinungsumfrage der «Schönen Literatur» steht er vor Rilke und Stefan George. Wenn er auf Lesetournee geht, sind die Säle überfüllt. Kurt Pinthus erinnert sich an eine Lesung 1927 im Reichstagsgebäude: Werfel, «thronend auf dem hohen Stuhl des Präsidenten über den Massen des Volks, schwer und breit, unter kolossaler Stirn hinter der Brille die entflammten Augen aufwärts rollend in dem runden Schädel, der von vorn dem eines Schuljungen oder Prälaten, von hinten dem eines schwarzmähnigen Musikers glich. Zwei Stunden dröhnte die Posaune seiner Stimme Wohlklang, während der rechte Arm, bald mit geballter Faust taktierend, bald mit belehrend gespreiztem Zeigefinger durch die Luft schwenkte.»[248] Daß bei Werfel selbst *die Sehnsucht nach Menschen immer mehr verschwindet*, wie er Schnitzler mitteilt, ist eine Konsequenz aus dem Rummel, der um ihn veranstaltet wird. Er ist froh, wenn er in Breitenstein, Venedig oder Santa Margherita Ligure, abgesehen von einigen durchfeierten Nächten mit Gerhart Hauptmann, unbeachtet arbeiten kann.

Die Geschichte einer Schuld ist das Thema des neuen Romans *Der Abituriententag*, der 1927 entsteht. Nach 25 Jahren treffen sie sich wieder, die Abiturienten des Jahrgangs 1902 vom kaiserlich-königlichen Staatsgymnasium Sankt Nikolaus in Prag. Von den ursprünglich 27 Eleven sind fünfzehn gekommen. Einige haben sich der Einladung entzogen, sind unauffindbar oder *durch Tod verhindert*[249]. Daß das Gedächtnis Ethos sei, soll sich an Dr. Ernst Sebastian, dem Untersuchungsrichter, um dessen Schuld es in dem kleinen Roman geht, bewahrheiten. Unschwer lassen sich aus den Konturen einiger Schüler und Lehrer die wirklichen Modelle vom Stephansgymnasium herauslesen. In Kio etwa, dem liebenswürdigen Klassenvorstand, hat Werfel den humanistisch-kaisertreuen Lateinlehrer Karl Kyovsky verewigt, der ihm einst wegen unbotmäßigen Grinsens das Klassenbuch an den Kopf geworfen hatte. *Der Würfel fällt*[250], sagt Kio hintersinnig im Roman.

Ernst Sebastian von Portorosso, Sohn des Präsidenten des Obersten Gerichtshofs, der Aristokrat, und Franz Adler, der kleinbürgerliche Jude, besitzen schon durch ihr bloßes Dasein eine Ausnahmestellung unter den Schülern. Ihr Aufeinandertreffen wird mit Sebastians Eintritt in die Klasse unausweichlich. Als Repräsentanten von Macht und Ohnmacht bleiben ihnen die zwei Möglichkeiten der Freundschaft oder der

Um 1926

Feindschaft, der Verbindung oder der Vernichtung. *Alle waren sich einig, daß dieser rothaarige Knabe der große Mann werden würde, den die Welt dereinst dieser Schulklasse verdanken solle*[251], heißt es über Adler, dessen intellektuelle Fähigkeiten sich weit über den Durchschnitt erheben. Der Prozeß der Vernichtung des Schülers Adler, der auf eine Vernichtung des Geistes selbst hinausläuft, geht aber von Sebastian aus. Er wird mit äußerster Raffinesse, zugleich jedoch ohne Bewußtsein eines Grunds ausgeführt. Daß Sebastian sich für das Gegenteil, die Auslöschung des anderen Ich entscheidet, ist psychologisch genau motiviert. Der bis zum Menschenekel hochmütige Vater verachtet die Schwäche. *Mein Vater haßte jegliche Art von Niederlage.* In einem fast klassischen Kompensationsakt vollzieht deshalb der Sohn ein *geheimnisvolles Vernichtungswerk ... dessen Herr ich nicht war* [252]. Für das zum Nichts heruntergeschraubte Ich bleibt die Identifikation mit dem lieblosen allmächtigen Vater, auch um den Preis der eigenen Liebesunfähigkeit, die ultima ratio der Selbstbewahrung. Daß es gerade der rothaarige, kurzsichtige Franz Adler ist, der diesen psychischen Mechanismus auslöst, eröffnet eine zusätzliche Dimension der Schülerfeindschaft. *Aber seine Überlegenheit, gerade seine Überlegenheit ertrug ich nicht. Warum? ... Ich versuche gegen mich restlos aufrichtig zu sein. War mein Widerstand vielleicht dadurch bestimmt, daß ich in Adler den Juden fühlte* [253], fragt sich der Untersuchungsrichter Sebastian.

Schritt für Schritt vollzieht sich die Erniedrigung Franz Adlers. Ihr Ziel ist die vollständige Vernichtung seiner Individualität. In ein Bordell geschleppt, erfährt er seine erste sexuelle Begegnung als Fiasko der Würde. Auch das ist genau geplant. *Um jeden Preis muß ich Adler jetzt sehen,* entscheidet Sebastian, nachdem die Prostituierte Marfa Adler in ihr Zimmer gezogen hat. *Adler saß in Unterkleidern auf dem Bett. Ein großes nacktes Weib kniete vor ihm. Ihr Kopf schmiegte sich in seinen Schoß. Er sagte leise und unaufhörlich: «Nein! Nein! Bitte gehn Sie fort! Gehn Sie fort!» ... Wir fielen geradezu ins Zimmer. Mit einem unbeschreiblichen Aufschrei sprang Adler vom Bett. Er starrte uns an wie die Hölle. Immer weiter schrie er ... Aus bewußtlosen Mörderaugen starrte er uns an, aus Augen, in denen nichts mehr von ihm selbst lebte. Urschreck nur, der sich gegen das Grauen verteidigt! Und nun wurde der Schrei immer enger. Langsam setzte sich Adler auf den Boden und fing zu wimmern an und zu weinen, ebenso bewußtlos, wie er vorhin geschrien hatte.* [254] Noch ist der tiefste Punkt der Entwürdigung nicht gekommen. Am Schluß, nachdem Sebastian und sein Opfer damit rechnen müssen, von der Schule verwiesen zu werden, wird Adler dem absoluten Nichts gleichgestellt. *Ich mußte mich befreien, den Toten loswerden. Einen Toten muß man loswerden.* [255] Adler wird in einen Zug gepackt und verschwindet aus dem Gesichtsfeld der Klasse. Je größer die Vernichtung des Opfers, desto chancenloser aber wird die Aussicht, sich jemals von ihm befreien zu können. Sebastian, der Schuldige, büßt seine Taten durch ein unglückliches Leben. Er wird zum Hypochonder. *Seelische Atemnot* und *würgende Depression*, ja das *Grauen einer bodenlosen Fragwürdigkeit des Lebens* sind das Fazit der Jugendschuld.

Franz Werfel hat in späteren Äußerungen zum *Abiturientage* eigens darauf hingewiesen, daß es ihm nicht auf die «Verirrungen der Jugend», auf

Zeichnung von
Benedikt Fred Dolbin

psychologische oder pädagogische Nebenabsichten angekommen sei. Gegenstand der Geschichte sei allein *die eine, nein, vielleicht die aller-furchtbarste Frage des menschlichen Lebens . . .: Die Frage der Schuld.*[256] Nicht die Instanz des Vaters, das Gericht, stellt diese Schuld fest. Die Schuld erweist im Gegenteil die Fragwürdigkeit des Gerichts. *Gegen große Vorzüge eines anderen gibt es kein Rettungsmittel als die Liebe*[257], wird Sebastian klar. Dieses Wort aus Goethes «Maximen und Reflexionen» bringt das Problem der Schuld auf den Begriff. «Große Talente sind das schönste Versöhnungsmittel»[258], heißt es im nächsten Aphorismus Goethes. In der Vernichtung des Schülers Adler soll demgemäß die Idee der Versöhnung vernichtet werden. Damit steht die Schulklasse in einem gleichnishaften Licht und wird zum Paradigma der zerstörerischen Welt schlechthin.

Das Resultat der Ausgrenzung ist schrecklich. Adler fängt an, mit den anderen über sich selbst zu lachen. *In diesem Lachen lag mehr als Selbstironie, es lag Selbstmord darin. Es war mein Lachen*[259], erkennt der Untersuchungsrichter. Das Opfer, *Agnus dei*[260], inthronisiert sich im Verein mit den anderen selbst als *Sündenbock*, der stellvertretend die Schuld der anderen büßt. Lange vor Sartres existentialistischer Interpretation der sich stets im feindlichen Blickwinkel der anderen konstituierenden jüdischen Identität zeigt Werfel an Adler die Internalisierung der Zerstörung durch das Opfer.

Die Welt von Gestern

Seit Grillparzers «Der arme Spielmann» ist in der österreichischen Literatur immer wieder das realistische und zugleich heroische Bild des kleinbürgerlichen, mittellosen und sozial deklassierten Menschen gegeben worden. Ferdinand von Saars Erzählungen, Marie von Ebner-Eschenbachs rechtschaffenes «Gemeindekind» oder Joseph Roths Invalidenroman «Die Rebellion» sind herausragende Beispiele. Als Fortsetzung dieser Tradition kann Werfels im Herbst 1926 entstandener Bericht vom Magazinaufseher Karl Fiala mit dem bezeichnenden Titel *Der Tod des Kleinbürgers* gesehen werden.

Karl Fiala, der Held dieser vielleicht gelungensten Erzählung Werfels, verkörpert, in der Abenddämmerung des Glaubenszeitalters stehend, noch immer eisern die alten Werte. Der ehemalige Portier der Finanzlandesprokuratur ist eine Ausnahme. In ihm lernt der Leser *einen wirklichen Helden . . . und einen sinnbildhaften Mann* [261] kennen. Weit erhebt er sich aus seinem sozialen Stand, und dennoch steigt in ihm dessen Grundzug, der permanente Glücksverzicht zugunsten eines abgesicherten Lebensabends, zur singulären tragischen Größe auf. Fiala ist deshalb ein ethisches Modell, ein Mahnmal der Immobilität in einer Welt, deren Daseinsformel Werfel so bezeichnet: *Je mehr Leere, je mehr Schnelligkeit.* [262] Durch das Ausharren auf einem Fleck, durch die Weigerung, termingerecht und dem klinischen Durchschnitt entsprechend zu sterben, besiegt Fiala diese Welt. Seine Tat ist wirklich symbolisch. Werfels Freude über diesen Sieg geht so weit, daß er ihn mit augenzwinkernder Ironie sogar noch in die Terminologie des sportlichen Rekords faßt: *Zwei Tage über sein Ziel war er hinausgerannt wie ein guter Läufer.* [263]

Der Gestalt des Türhüters gilt schon eines der schönsten Gedichte aus *Wir sind.* Eine majestätische Respektsperson, in der nicht nur der Kaiser, sondern dessen unmittelbarer Vorgesetzter, Gott selbst, sich inkarniert:

> *Der göttliche Portier*
>
> *Da ich an dir vorüberlief als Knabe,*
> *Wuchst du ins Tor unendlich aufgehoben.*
> *Dein Dreispitz rührte Wappensterne oben.*
> *Allmächtig sank dein Bart, Mann mit dem Stabe!* [264]

Der Türhüter des Prager Palais Thun

Es gab ihn wirklich, diesen Türhüter, dessen Gestalt auch in Kafkas «Prozeß» verewigt ist. Er stand vor der k. u. k. Finanzlandesdirektion am Josephsplatz. Neugierig hat der junge Werfel seinen besten Freund, Willy Haas, gefragt: *Wie er wohl zu Hause ausgesehen haben mag, in geflickten Hosen und Pantoffeln ... seine Knödel mit Kaiserfleisch und Sauerkraut verzehrend...?*[265] Die Novelle beantwortet die Frage, ohne die Würde der Respektsperson zu untergraben. Für Fiala gibt es die bürgerliche

79

Trennung von Beruf und Freizeit nicht. Seine Ethik ist nicht teilbar. Darin schon gleicht er dem Kaiser, dem er so lange gedient hat. Wie dieser gibt er seine Auskünfte nur *mit eisig gedämpfter Stimme ... nachdem er vorher dem Frager ein schmerzlich-nachsichtiges Ohr geneigt*[266] hat.

Fiala versucht, seine Frau Marie und den zweiunddreißigjährigen Sohn Franzl, einen Epileptiker, für den Fall seines Todes abzusichern. Fiala hat mit der Assekuranzgesellschaft Tutelia eine jener dubiosen Versicherungen abgeschlossen, die nach der Inflation durchaus üblich sind. *Wo noch ein geretteter Sparpfennig zu finden war, dort wurde er willkommen geheißen*[267], erinnert sich Werfel in einer Glosse zur Novelle. Fialas Vertrag ist eine *Versicherung auf Ableben*, fällig nach Vollendung des 65. Lebensjahres. Sein Agent Schlesinger, ein Konvertit, der nunmehr des Fortkommens halber *für die heilige Jungfrau optiert*[268], ist plötzlich, nur zwei Monate vor dem Fälligkeitstermin, verschwunden. Die Klimax der Erzählung ist erreicht. *Denn wir hätten es nicht gewagt, den Leser in solch trübe und gleichgültige Welt zu führen*, schaltet der Erzähler ironisch ein, *wenn unser Geschehnis nicht seine Absonderlichkeit hätte.* Wochenlang hat Fiala eine schwere Krankheit mit sich herumgeschleppt. Endlich wird er ins Moribundenzimmer des Spitals überwiesen. Sein Nachbar aber ist der Agent Schlesinger. Auf die Frage, was geschähe, wenn er vor dem 5. Januar, seinem 65. Geburtstag, verscheide, schreit der sterbende Agent dem sterbenden Kunden zu: *Vollenden Sie... vollenden Sie... gefälligst Ihr fünfundsechzigstes Lebensjahr! Widrigenfalls erfolgt ein Dreck, ein Dreck, ein Dreck!!! Wenn Sie auch zu Rothschild und Gott beten... ein Dreck erfolgt...!*[269] Fiala weiß Bescheid.

Ein anatomisches Wunder, ein Sieg des äußersten Voluntarismus über den von den Ärzten vergötzten Determinismus geschieht. Eine Notiz Werfels aus den späten zwanziger Jahren spricht von einem *kleinen Spielraum* innerhalb der Allkausalität. *Dieser Raum ist die kleine Ungenauigkeit des Kosmos, die geringe Abweichung ... der unpräzise Rest, der nicht aufgeht.*[270] Nicht nur die Sünde, sondern auch die Freiheit entspringt diesem dämmerhaften Raum. Dahinter steht Thomas von Aquins Glaube an einen Selbstvollzug der Entscheidung, die Voluntas, die alle Kräfte des Menschen zu konzentrieren vermag. Fiala gewinnt den Kampf, weil er das Verantwortungsbewußtsein als konkreten Ort der menschlichen Freiheit noch gegen die Unentrinnbarkeit des Todes verteidigt. Er gewinnt, obwohl sein Leib nur noch aus einer einzigen eitrigen Wunde besteht, den Kampf gegen den materialistischen Positivismus der Ärzte. Die Schilderung des letzten Kampfs gegen den Tod zeigt Fialas Abwehr der Dämonen, die ihn locken, seinen Platz freizugeben. In seinen Visionen erscheinen die Vorgesetzten, Fratzen schneidende Schulkinder, der Oberst aus dem Krieg, ein Dechant, der alte Schullehrer und schließlich die eigene Kindheit. *Fiala aber steht fest und eisern da im Tor, in seinem Wappentor. Er weiß, daß die Ablösung näherdonnert. Jetzt heißt es, sich zu-*

sammeareißen, im richtigen Augenblick vortreten und dem erstbesten Vor-
gesetzten entgegenschreien: «Melde gehorsamst, Ableben erfolgt!»[271] Erst
als alles vollbracht ist, als der Dienstabschluß in Form des Fälligkeitster-
mins seiner Police erreicht ist, *stürzt die Gestalt in sich zusammen, ein
Knochenhaufen*[272].

Auf die Tragödie folgt das Satyrspiel, schreibt Werfel über die Novelle
Das Trauerhaus, die nach dem *Tod des Kleinbürgers* entsteht. Kein irdi-
scher Untergang sei so groß, *daß er nicht auch eines Gelächters würdig
wäre*, fügt er hinzu. Erzählt wird im Symbol eines Hauses der Freuden
vom Untergang der alten österreichischen Welt. Dabei klingt das Gelächter eher gedämpft, nachtrauernd und schwermütig. Beklagt wird der genius loci eines für immer entschwundenen Freiraums. *Alle Völkerschaften
der Monarchie, die frischen, unverbrauchten zuförderst, hatten schöne
Mädchen hierher entsandt. Viele von ihnen waren Bäuerinnen. Die länd-
liche Unschuld, die sich die Magdalenen merkwürdigerweise oft bewahrt
hatten, versöhnte mit ihrem Gewerbe. Stämmige Unberührtheit noch auf
dieser Stufe, sie war eines der österreichischen Geheimnisse, wie man ähn-
lichen in den habgierigen Vergnügungswinkeln des Westens nicht begegnen
konnte.*[273] Seine kleine Chronik des öffentlichen Hauses in der Gams-
gasse sei eine zu seinen Jugendsünden zählende *ziemlich wahre, doch leider unanständige Geschichte*, schreibt Werfel an Gerhart Hauptmann.[274]
Er selbst hat in den letzten Jahren vor dem Auszug aus Prag im Altstadt-
haus Nr. 543/6 in der Gemsengasse als einer der zahlreichen literarischen
Besucher des Salons verkehrt, wenn auch nur als kaffeetrinkender
Zuschauer. Zu den satirisch behandelten Gestalten, an die sich Werfel
erinnert, gehört etwa der Dichter Paul Leppin. Aus Leppin, tagsüber
niedriger Beamter im Rechnungsdepartement der Post- und Telegra-
phendirektion, nächtens aber in den Etablissements zur Gitarre zotige
und demaskierende Bänkellieder singend, wird in der Novelle der Statt-
haltereikonzipist und Dichter Eduard von Peppler.

Kein Zweifel: Das Etablissement, in dessen nur dem Personal und seinem engeren Freundeskreis vorbehaltener Küche das Bild des Kaisers die
Wände schmückt, ist ein Spiegelbild des morbiden Zustands der Gesellschaft der Donaumonarchie kurz vor ihrem Zusammenbruch. Wie die
Hierarchie der Vergnügungsräume dem ständischen Status des Habsburger Reiches entspricht, so repräsentieren die aus allen Landesteilen kommenden Damen dessen Charakter als Völkerfamilie. Als Panoptikum
der, um es mit Hermann Broch zu sagen, «fröhlichen Apokalypse» ist das
Bordell das letzte Bild einer untergehenden Gesellschaft, einer das Ver-
steckte bevorzugenden Sinnlichkeit, einer längst schon anachronistischen
Verschränkung von Anständigkeit und Lust. Nach dem Krieg ist es mit
dieser Plüschwelt vorbei. Bezeichnenderweise heiratet Ludmilla, die be-
liebteste Dame des Salons, später jenen Abgeordneten des neugegründeten tschechischen Staates, der auf Drängen «der Reformatoren, der Mo-

Besuch des Kaisers Franz Joseph in Prag, 1907: ein «Huldigungsbogen»

ralphantasten, der Sexualneidischen und der Neugierigen»[275] dafür sorgt, daß die «kasernierte Prostitution» verschwindet.

Am menschenfreundlichen Inhaber und Chef, Max Klein – in Wirklichkeit Josef Klein –, tritt der parabolische Charakter des Freudenhauses als Miniatur des Reichs am deutlichsten hervor. Zum «Trauerhaus» wird es, als er am Morgen der Nacht, deren fröhlichem Treiben mit der Schreckensmeldung des Attentats vom 28. Juni 1914 ein jähes Ende bereitet wird, verstirbt. In der äußeren Erscheinung des ewig müden Wirts findet sich neben der offensichtlichen Affinität zum morbiden Zustand der alten Monarchie sogar ein physiognomisches Spezifikum der Habsburger: *Sein kindisch-vergreistes Gesicht, dessen Alter niemand hätte bestimmen können, war ganz gelb. Auf einer knolligen Stupsnase saß der schiefe Zwicker, und eine willenlose Unterlippe hing wie ein Lappen übers Kinn.*[276] In der Nacht vor seinem Tod mehren sich die Zeichen des Untergangs. Plötzlich brechen, nach einer Inkubationszeit der latenten Ressentiments, die Rivalitäten im Haus offen aus. Die zentrifugalen Kräfte gewinnen die Oberhand, nationale Herkunft und Standesunterschiede werden den Damen auf einmal wichtig. Ein von den Herren mit wiehernndem Gelächter und voyeuristischer Ekstase begleiteter obszöner Ringkampf bricht aus, an dessen Ende der Geist der neuen Zeit dann leibhaftig in der Gestalt eines Schreckensboten auftritt, der die Meldung von der Ermordung des Thronfolgerpaars bringt. *Dieser Soldat aber, ein blonder tschechischer Bauernjunge, trat groß und unvermittelt auf die wüste Szene. Mitten im Hexentanz stand er da und riß in die schweißgeschwängerte, rauchdicke Atmosphäre einen Wirbel von rotbäckig-frischer Luft. Wahrhaft feldmäßig wirkte der Soldat in Dienstmontur, mit Helm, Patrontasche und großen Sporenrädern.*[277]

Nur zwei Romane, die sich motivisch und chronologisch fast aneinanderreihen ließen, haben den Untergang der Donaumonarchie wirklich in einem Panorama von Tolstojschem Geschick zu schildern verstanden: Joseph Roths 1932 erschienener «Radetzkymarsch» und Werfels *Barbara oder Die Frömmigkeit*. Beide Protagonisten, der melancholische Carl Joseph von Trotta und der träumende Ferdinand S., sind mit den Habsburgern traditionell verbunden. Ferdinand wird bei einer Truppenparade selbst Zeuge der Götterbegegnung. *Erschütternd dröhnt die Musik und die Defilierung beginnt. Die rasselnden Blitze der Kavallerie schmerzen und blenden allzu sehr. Ferdinand schließt die Augen und wartet auf Papa. Einsam taucht auf seinem Braunen der Oberst auf. Ihm folgen nur Hornist und Stabsfeldwebel. Die entwickelten Linien des Regiments bleiben weit dahinter. Papas goldener Tschako leuchtet auf. Und jetzt senkt er vor der göttlichen Erscheinung auf dem Schimmel langsam den Säbel. Es ist ein Gruß voll heldenhafter Schönheit und Würde. Auf dem unendlichen Platz scheint der Oberst mit dem erhabenen Reiter allein zu sein. Die Begegnung der Götter, von denen der eine Papa ist, durchschauert das Kind...*[278] Beide Protagonisten führt der Weg von dieser Märchenwelt der Väter in die kotigen Schlammlandschaften Galiziens.

Franz Werfel hat den Dreck, in dem sich der Untergang der alten Donaumonarchie abspielte, mit einer Präzision geschildert, wie sie nur ein zum Kriegsdienst gezwungener Augenzeuge entwickeln kann, der sich vorgenommen hat, zu überleben, um vom Geschehen berichten zu können. Er erzählt von den Ersatzkaders, den *rührigen Fabriken zur Er-*

zeugung von Blutfutter, vom Wehgeheul auf den Bahnhöfen, wo die Soldaten in die Viehwaggons zur Front verladen werden. Das ist nicht mehr das *traurige Bahnhofsgefühl*, das den kleinen Jungen Ferdinand einmal gepackt hat. Später folgen die Granattrichter, Mörsergeschosse, Ruhr, Typhus, Massengrab, Vergewaltigung, Lazarett, Graben und Tod. Ferdinand S. erlebt die Bluturteile ohne Kriegsgericht. Er erfährt, daß Deserteure als Hochverräter vor den eigenen Gräben angenagelt und gekreuzigt werden. Er liest die lügnerischen Verlautbarungen der Staaten, versteht, daß am Krieg verdient werden soll.

In Wien wird er Zeuge der letzten Tage des Kaiserreichs. Er gehört zu den feldgrauen Jammergestalten und wandelnden Mahnmalen des Todes, die nun allerorts die Straßen bevölkern. *Mit den erstaunten Augen aufgerüttelter Schläfer trotten sie des Weges und können nicht begreifen, daß es Asphalt gibt, Kaufläden, Spiegelscheiben, gedeckte Tische und Weiber. Sie schlurfen in einer brenzligen Gestankhülle von getrocknetem Schlamm und Karbol. Man weicht ihnen aus. Keiner ehrt mehr die Vaterlandsverteidiger in ihrer Elendsgestalt, für niemanden sind sie Helden.*[279] Schließlich lernt er auch die Revolution kennen. Der professionelle Revolutionär Elkan, der sogar bei der Oktober-Revolution in St. Petersburg eine Rolle gespielt haben soll, klärt den Heimkehrer auf: *Die Revolution ist kein Gedicht und kein Aufsatz in einer futuristischen Kunstzeitung... Sie ist eine Integralrechnung! ... Naturkatastrophen, Genossen, sind immer reaktionär ... Wir Bolschewiki wollen die Katastrophe benützen wie Dampf und Elektrizität...*[280] Am Schluß scheitert die Revolution, obwohl sie, Werfel betont das nachdrücklich, notwendig war. *Jugend des Krieges und der Revolution, ist dein heiliger Fluch, dein heiliges Hoffen so schnell schon vergessen!? Verkriech dich, so weit du noch am Leben bist!*[281]

Trotz dieses umfangreichen Panoramas geht *Barbara oder Die Frömmigkeit* keinesfalls im Genre des Kriegs-, Revolutions- oder Epochenromans auf. Das gilt auch für seine offensichtliche Affinität zum Erziehungsroman. Alles, die chronologische Abfolge der *Lebensfragmente,* die Stationen Kindheit, Schule, Krieg und Beruf, die immer stärker werdende Konfrontation mit der Welt und ihren abwechselnden Pädagogen Engländer, Weiß und Gebhart, die Wanderung von der galizischen Front in das Kaffeehaus, das Schattenreich der Intellektuellen, die Bekanntschaft mit der Scheinwelt der Reichen und den muffigen Verschlägen der Armen, noch das in «Wilhelm Meister» vorgegebene Modell, Arzt zu werden, vollzieht sich nach dem Muster des Erziehungsromans. *Barbara oder Die Frömmigkeit* aber endet mit einem Helden, über den es ganz am Schluß heißt, daß ihm eines völlig fehle: *Jede Ambition.*[282]

Handelt es sich um einen Erziehungsroman mit umgekehrten Vorzeichen, einen Desillusionierungsroman? In der *Grundsituation seines Lebens, nirgend hinzugehören*[283], befindet sich Ferdinand noch am Roman-

84

ausgang. Wenn für den Desillusionierungsroman bezeichnend ist, daß die Seele in der Außenwelt keine Objektivationsmöglichkeit mehr findet und deshalb enttäuscht zu sich selbst zurückkehrt, sich für immer verschließt, dann kann Ferdinand durchaus als Nachfahre von Flauberts Frédéric Moreau oder Jacobsens Nils Lynhe gelten. Im Gegensatz zu diesen aber kann Werfels Held sich auf einen archimedischen Punkt stützen. Das von Georg Lukács als «transzendentale Obdachlosigkeit» bezeichnete Dasein des Desillusionierten wird hier durchschnitten von einer Instanz, die den auflösenden Kräften widersteht. In Barbara, der Kinderfrau, bleibt die Macht des Seins siegreich über die Macht des Wandels. Die Einsicht, daß der Mensch *das Gespenst ... der wiederkehrende Tote seiner eigenen Vergangenheit*[284] und jegliches Erleben *nur eine Form der Erinnerung*[285] ist, läßt auch dem unglücklichen Leben noch einen nicht desavouierbaren Boden. Jean Pauls Satz, wonach die Erinnerung das einzige Paradies ist, aus dem wir nicht vertrieben werden können, könnte die Grundformel des Romans sein. Als Barbara die Zeitenthobenheit ihrer Liebe, zum Ausdruck gebracht in der Symbolik des aufgesparten Goldes, an Ferdinand weiterreicht, ist dessen Rettung vollzogen. Das Gold ist die Währung der Liebe. *Nicht einen Augenblick dachte er daran, daß dies Geld sei, ein gewöhnliches Tauschmittel im Umlauf der Bedürfnisse und ihrer Befriedigung. Es war nicht Geld, es war Gold.*[286] Wie *aufschimmernder Sternschnuppenfall* sinkt es in die Meerestiefe. Dem Doppelcharakter dieses Symbols, das in die Kindheit zurückweist und in der Ewigkeit bestehen soll, steht antithetisch die Geldwelt gegenüber. Deren zerbröckelnder Charakter aber kann nun nicht mehr enttäuschen. Der Roman kennt also, trotz seiner Form, weder Entwicklung noch Desillusionierung. Er ist ein episches Gleichnis, das inmitten äußerster historischer Dynamik der Erinnerung an die Kindheit die Treue hält.

Der ins Meer schauende Schiffsarzt Ferdinand, der zu Beginn des Romans das Gold der Kinderfrau zum Meeresgrund hinabgleiten läßt, und das kleine Kind, das von ihr durch den Park gefahren wurde, berühren sich im Sinnbild. Das weiße Schiff und der weiße Kinderwagen geben genau wie die blaue Marineuniform und der Kindermatrosenanzug des Buben die Metaphorik der Wandellosigkeit. Ferdinands Weigerung, im Abstumpfungsprozeß die Welt erträglicher werden zu lassen, gilt immer der Bewahrung des Gewesenen. Die Einheit eines Sinnzusammenhangs, wie sie die Kindheit besitzt, zieht aus jedem Weltending die Gleichniskraft hervor. Prinzipiell wird alles zum Sinnträger. «Dem Kind ist alles ein Symbol, dem Frommen ist Symbol das einzig Wirkliche, und der Dichter vermag nichts anderes zu erblicken»[287], schreibt Hofmannsthal und beschreibt damit jene magische Beziehung von Aufgehobenheit und Welterfahrung, die an Werfels Helden sichtbar wird. Weil Ferdinand an ihr festhält, ein Kind bleibt, ist er eine Gestalt ohne Entwicklung. *Es ist nicht wahr, daß es Kinderseelen im Sinne von unfertigen Seelen gibt. Es gibt nur ein kindliches Bewußtsein, ein primitives, unvollständiges Wissen um die Wirklichkeiten, die der kleine Mensch in sich trägt ... Die Seele aber verwandelt und entwickelt sich nicht ... Ein Blick in die stillen Augen eines Säuglings genügt ... Die Zeit fügt nichts hinzu. Wer nicht ahnt, daß sie eine fortnehmende, rein analytische Macht ist, hat ihr Wesen nie erlebt.*[288]

Der Roman ist fast beendet, als Werfel Mitte Juli 1929 die Nachricht vom plötzlichen Tod Hugo von Hofmannsthals erreicht, dem er vor vielen

Alma Mahler-Werfel, 1929 in Venedig

Jahren zusammen mit Franz Kafka und Max Brod erstmals in Prag begegnet ist. Hofmannsthal selbst bewunderte die *Troerinnen* und später die *Beschwörungen*. Das nach dem Krieg zunächst gespannte Verhältnis – Werfel nannte Hofmannsthal boshaft einen *musischen Privatdozenten*, und dieser war entsetzt über den wilden Revolutionär – war längst vergessen. Noch drei Wochen vor seinem Tod hat Werfel Hofmannsthal in Rodaun unter schallendem Gelächter selbsterlebte Anekdoten über Gerhart Hauptmann erzählt. «Davon konnte er nicht genug bekommen.»[289] Auch auf dem Semmering war Hofmannsthal oft zu Gast, manchmal, bei einem ausgezeichneten Cognac, bis in die frühen Morgenstunden. *Er war einer der allerseltensten Menschen, von dem man niemals etwas Unreines und über den man nie etwas Niedriges gehört hat*[290], lautet Werfels Urteil über den toten Freund.

Am 6. Juli 1929 heiratet Werfel nach zwölf Jahren gemeinsamen Zusammenlebens Alma Mahler-Gropius. Die von seiner Freundin gestellte Bedingung, den Austritt aus der jüdischen Gemeinde, erfüllt er nach langem Zögern. Die väterlichen Verpflichtungen gegenüber den Töchtern Anna und Manon hat er von Anfang an mit großer Zuneigung erfüllt. Bei der inzwischen schon erwachsenen Anna holt er sich Trost und Rat, wenn die oft unberechenbare Alma ihm zugesetzt hat. Almas nun offen zutage tretende reaktionäre Gesinnung wird zum ständigen Streitanlaß des frisch vermählten Paares. Es hat deshalb auch ganz persönliche Gründe, wenn Werfel sich in seinem neuen Roman mit dem Phänomen des Faschismus auseinandersetzt.

Ein Familienroman, *Die Geschwister von Neapel*, entsteht. «Selten habe ich ihn so ekstatisch arbeiten gesehen wie damals»[291], erinnert sich Alma. Im Herbst des Jahres 1929 hat sie in Nervi an der ligurischen Küste ein sympathisches Ehepaar, einen Engländer und eine viel jüngere Neapolitanerin, kennengelernt. Von dieser erfährt sie zu vorgerückter Stunde, nach einigen Gläsern des geliebten Benediktiner-Likörs, die Geschichte «ihrer traurigen Jugend und Kindheit, von ihrem tyrannischen Vater, ihren Geschwistern». Die Italienerin berichtet vom Konkurs des Vaters, der Hilfe ihres jetzigen Mannes und der Auswanderung der Brüder nach Amerika. Erst nachts um zwei erscheint nach einem Opernbesuch in Genua Werfel selbst. Er ist von der Geschichte sofort fasziniert. In einem Brief an Willy Haas erinnert sich Alma: Er «regte sich so auf, daß er wach blieb und den ganzen Roman skizzierte wie er heute leibt und lebt»[292].

Es ist offensichtlich, daß Werfel für ein zentrales Problem dieser Zeit, seinen Austritt aus der jüdischen Gemeinde und seine Hochzeit mit einer Katholikin, ein episches Gleichnis, ein Märchen von einem neuen Bund gesucht hat. Die Geschichte der Italienerin wird sofort in diesen Zusammenhang gestellt. Der *Betrug, die Verschwörung gegen den Vater, der erste Abfall*[293], aber auch die Rehabilitation auf erhöhter Stufe sind die Grund-

Werfels Schwestern:
Marianne,
genannt «Mizzi»...

...und Hanna

elemente des Romans. Dort geht es um das Ende des väterlichen Gesetzes, nicht aber um das Ende des Vaters und des Vatertums. Die seltsame Auskunft eines Werfel-Biographen: «... er trennte sich am 27. Juni 1929 vom Glauben der Vorväter»[294], ist so unhaltbar wie etwa die Behauptung, Heinrich Böll sei durch seinen Kirchenaustritt auch aus dem Christentum ausgetreten. Das Gegenteil davon ist wahr. In den dreißiger Jahren wird sich Werfel verstärkt der jüdischen Geschichte, der Zusammengehörigkeit von Christus und Israel und dem Problem jüdischer Identität zuwenden. Er wird sich vor dem Hintergrund des zur Herrschaft gelangenden Antisemitismus nachdrücklich zu seinem Judentum bekennen.

Wie im Märchen heißt es in den ersten Zeilen des Romans über die Geschwister Pascarella: *Diese sechs, drei Brüder, drei Schwestern, besaßen auf der Welt nichts als einander.*[295] Als Märchen hat Werfel seinen Familienroman auch bezeichnet.[296] Die *langsame Zerstörung eines kleinen Universums durch das Schicksal*[297], das in der zerstörerischen Gestalt zentrifugaler Kräfte das Gravitationsgesetz einer absoluten, ursprünglichen Ordnung beseitigt, orientiert sich tatsächlich, bis hin zur Apotheose des Romanschlusses, an Formprinzipien des Märchens. Das gilt aber nur für die Geschichte der Familie Pascarella selbst, die Wanderschaft der drei Brüder nach Südamerika, den plötzlich auftauchenden *Prinzen* in Gestalt des Engländers Campbell, der die schöne Grazia heiratet, die wundersame Rettung der kleinsten Schwester Iride, das Aschenbrödelschicksal der ältesten Schwester Annunziata und die Gnade der Erlösung, die dem Vater am Schluß zuteil wird. Die Familie behauptet sich als Refugium und Gravitationszentrum.

Dennoch handelt Werfels Roman von ihrem Untergang. Hinter dem unermeßlichen Schmerz des Familienvaters steht als Modell das unglücklichste Opfer der Auflösung der Familie als idealer Einheit, König Lear. Wie in Shakespeares Tragödie scheint sich auch im Märchenroman Werfels alles innerhalb der Familie abzuspielen. Die komplementäre psychologische Gestaltung der Geschwisterpaare Placido – Grazia, Lauro – Annunziata, Ruggiero – Iride, das antagonistische Verhältnis von Wohnung und Bankgeschäft, der heimliche Ballbesuch Grazias, die ökonomische Katastrophe, die Auswanderung der Söhne, alles gruppiert sich um den Sturz des heroischen und zugleich bemitleidenswerten Patriarchen.

Nichts wäre falscher, als hinter dessen Despotie den Totalitarismus des faschistischen Italien, man schreibt das Jahr 1924, zu erblicken. Battefiori, der Heuchler, versucht Don Domenico genau das einzuflüstern: *Die neuen Machthaber*, so sagt er, *wollen die moderne Unmoral abschaffen. Sie wollen zur römischen Familie zurückkehren. Alle Macht den Familienvätern! Denn die Familie ist der Kern des Staates, und der Staat ist der liebe Gott. Interessant, was?!*[298] Diese auf den Gewaltstaat heruntergekommene hegelianische Auskunft stammt von Mussolini selbst. *Alles, was ist, ist im Staat*, behauptet der Diktator in offenkundiger Anlehnung an Hegels Vergöttlichung des Staates: *Man muß ... den Staat wie ein Irdisch-Göttliches verehren.*[299] Nach Hegel hat die Familie aber im Staat ihren immanenten Zweck.[300] Deshalb ist Don Domenico, die Inkarnation des patriarchalischen Oberhaupts, ein Staatsfeind, ein subversives Subjekt, das sogar handgreiflich mit der Polizei Bekanntschaft macht, als es darum geht, die Autarkie der Familie gegen den Staat zu verteidigen. Sein Argument ist schlagkräftig. Indem er den künstlichen Charakter der derzeitigen Herrschaftsform durchschaut, reklamiert er gleichzeitig seine eigene angestammte Funktion: *Autorität hat man, aber man errichtet sie nicht*[301], entgegnet er Battefiori. Wenig später präzisiert er, wiederum antihegelianisch: *Aus uns muß nichts werden.*[302]

Der Roman bewahrt seine Märchenhaftigkeit bis zum Ende dadurch, daß er die anstürmende Außenwelt zum bloßen Vehikel des gleichnishaften Geschehens macht. In einem Aphorismus hat Werfel die in dem Roman erstmals durchgängige Vermischung von Realistik und Mythologisierung auf die Formel gebracht: *Höchstmögliche Form moderner Epik: Die mystischen Grundtatsachen des Geisterreiches (Weltschöpfung, Sündenfall, Inkarnation, Auferstehung usw.), dargestellt mittels des verschlagen-bescheidensten Realismus in unauffälligen Geschehnissen und Figuren des gegenwärtigen Alltags.*[303] Um ein Geheimnis, um ein Gleichnis aber geht es in dem Familienroman, der an einem Sonntag beginnt und mit einem Sonntag ausklingt. Die Sonnensymbolik strukturiert die Handlung, indem sie die Konstellationen zwischen Vater und Kindern festlegt, das Verhältnis der Geschwister untereinander, aber auch zur Außenwelt bestimmt. Die Geschichte des Konstellationswandels der sechs Kinderplaneten um die väterliche Sonne ist gleichsam kosmisch vorgegeben. Am Sonntag des ersten Romankapitels stimmen die Koordinaten für den Witwer Don Domenico noch. *Da hatte er sich ein wohlgeratenes Planetensystem großgezogen, das in ihm sein Lebenszentrum, seine Sonne sah und ihn dankbar umkreiste ... Und sie alle seine Kreatur, sie alle aus seinem Fleisch geholt, eine sechsfache Vervielfältigung und Erweiterung seiner selbst. Der armen Mama billigte er nicht viel Anrecht an dieser Schöpfung zu ... Nun war sie der stille Mond, er aber war noch immer die lebendige Sonne, dem sie alle dienten, den sie alle liebten.*[304]

Nie hat Werfel die Tiefe besser an der Oberfläche versteckt als in diesem Roman. Dem opernhaft-barocken Motivfundus mit seinen Täuschungsmanövern, Karnevalseskapaden, Verwechslungen und komischen Intermezzi entspricht die leichte Ironie des Erzähltons. Dieser ist schon eine unbotmäßige Revolte gegen den Vater. Der Erzähler ist durchaus an dem Komplott beteiligt. Die häufige Verwendung der kanonischen Gesetzessprache des Alten Testaments in einem neapolitanischen Familienroman des 20. Jahrhunderts hat überaus humorvolle Züge. Wenn Grazia etwa auf dem Ball befürchtet, daß Papa schon in wenigen Stunden *die Strafe des Todes oder der Vertreibung*[305] über sie verhängt, wird der alttestamentarische Duktur, geradezu karikiert. Der schwerhörige Diener Giuseppe, der *große Exekutivbeamte der Vaterschaft* und der schmerzhafte *Pfahl im Fleisch der Kinder*[306], ist eine Parodie auf die Gesetzestreue, die zu einem bloßen Ritual erstarrt ist. Übriggeblieben ist die bereits in die Motorik eingegangene Devotheit. *Giuseppe hörte nicht auf, in verzweifeltem Gleichtakt zu nicken. Wie es schien, konnte er dieses mechanische Zeichen der rückhaltlosen Bejahung seines Herrn nicht mehr selbsttätig und willkürlich abstellen.*[307] Als Inkarnation anachronistischen Festhaltens am patriarchalischen Gesetz wird dieses für ihn am Ende wichtiger als der Gesetzgeber selbst. Auf dem Höhepunkt seiner Trauer über die Auflösung der Familie, als Don Domenico sich in antiker Raserei die Kleider vom Leibe reißt, kommt es zur Paradoxie. Dort ringt Giuseppe, *der Hüter des Gesetzes, mit dem Herrn des Gesetzes um des Gesetzes willen*[308].

Man hat Werfel diese Behandlung der Gesetzestreue vorgeworfen. Im Roman werde in der Ersetzung des Alten Bundes durch den Neuen Bund «nicht ein italienischer Familienvater erniedrigt, sondern einmal mehr der Gott der Väter niederzuringen gesucht»[309]. Das Gegenteil ist der Fall. Hinter der Erzählung vom Untergang und Neuaufstieg der Familie Pascarella steht als kosmische Verankerung die Planeten- und Solarsymbolik. Noch weiter dahinter aber steckt das Problem der Ablösung des patriarchalischen Monotheismus durch den Neuen Bund. Erst am Schluß erfüllt sich der alte jahwistische Gottesname. Placido, der Sohn, sagt: ... *ich finde, daß Papa erst jetzt wirklich der ist, der er immer war.*[310] Don Domenico, *Vater ohne Umwelt, ohne Bindung an Menschen und Dinge außerhalb seines Hauses, ein in sich ruhendes Zentrum, das sich von keinem anderen Kraftsystem abhängig glaubte*[311], muß den Weg durch die Disparatheit der Welt gehen, einen Sohn, der die Sünden auf sich nimmt, verlieren und zugleich einen neuen Sohn bekommen. Hinter dieser Konstruktion steht Werfels Glaube an die Unabgeschlossenheit der Schöpfung und die Wandlungsfähigkeit des Menschen. Es ist Placido, der das unvergleichlich zum Ausdruck bringt: *Gott darf nicht das Ebenbild des Menschen sein, damit der Mensch das Ebenbild Gottes werden kann.*[312]

Auch die Beendigung des Familienromans wird von einer schlimmen Nachricht überschattet. Am 21. Oktober 1931 stirbt Arthur Schnitzler, längst schon gebrochen durch den Selbstmord seiner Tochter Lili, an den Folgen einer Gehirnblutung. Zwölf Jahre war er mit Werfel befreundet, musizierte mit ihm und Alma, besuchte Werfels Familie in Prag, ließ sich von ihm über den Hradschin führen und vertraute ihm seine Sorgen über seine Familie an: «... ein Freund... der einzige, mit dem ich ... reden konnte.»[313] In der Gedenkrede auf den Freund schreibt Werfel: *Zwei hohe Eigenschaften panzerten Schnitzlers weiche und gütige Natur gegen das Leben: Seine Unbestechlichkeit und seine Einsamkeit.*[314]

Auf dem Kalvarienberg

«Wird das größte Kalvariendrama der Geschichte einmal seinen Gestalter, den Künstler, den Dichter finden ...?»[315] So fragte im Jahre 1930 der Pazifist Heinrich Vierbücher in seiner Schrift «Armenien 1915». Drei Jahre später, Ende November 1933, erscheinen *Die 40 Tage des Musa Dagh*. Dieses Epos über die Rettung von fast 5000 Armeniern – *Es wird vielleicht mein Hauptwerk sein. Ungeheure Verantwortung hängt daran*[316] – ist das letzte Werk Werfels, das, für ganze zwei Monate, im nationalsozialistischen Deutschland noch bezogen werden kann. Dabei ist es ein Werk gegen jede Art von Chauvinismus. Die Reaktionen bleiben nicht aus. Von Werfels «staatsgegnerischer Gesinnung» und «undeutschem Pazifismus, der entehrt und entheroisiert»[317], ist die Rede. Die Armenier aber rühmen den Dichter, der das Nationalepos ihres Existenzkampfs geschrieben hat. Wie kommt Werfel auf Armenien?

Franz Werfels Interesse am armenischen Schicksal wurde schon im Ersten Weltkrieg geweckt. Damals hatte man Tausende von türkischen Soldaten an die galizische Front geschickt. Dort sollten sie mit den deutschen und österreichischen Soldaten gegen die Russen kämpfen. Der im Roman genau porträtierte Kriegsminister Enver Pascha, hauptverantwortlich für die Vernichtung der Armenier, inspizierte unweit von Werfels Standort persönlich die Stellungen. In den expressionistischen Blättern «Die Aktion» und «Das Ziel», in denen auch Werfel veröffentlichte, erschienen schon in den ersten Nachkriegsjahren Aufklärungsberichte von Armin T. Wegner und Martin Niepage über den ungeheuerlichen Millionenmord. Bald darauf verbreitete sich die Nachricht. *Ich las damals in den großen Zeitungen davon und gab mir ... das Versprechen, eines Tages einen geschichtlichen Roman über dieses Thema zu verfassen.*[318]

Auf der zweiten orientalischen Reise, in den ersten zwei Monaten des Jahres 1930, fällt die endgültige Entscheidung. Wie fast immer ist es ein Augenblickseindruck, der Werfel im Gedächtnis bleibt, sich dort ausbreitet und schließlich produktiv wirkt. Diesmal handelt es sich um einen Augenblick im wörtlichen Sinne. Ausgehungerte Kinder, *mit bleichen El-Greco-Gesichtern und übergroßen dunklen Augen*[319], fallen Werfel in einer Teppichweberei in Damaskus auf. *Armenieraugen sind fast immer groß, schreckensgroß von tausendjährigen Schmerz-Gesichtern*[320], heißt es

Enver Pascha, der türkische Kriegsminister

später im Roman. Das seien Kinder der von den Türken erschlagenen
Armenier, erklärt der Besitzer. Werfels Betroffenheit von diesem Bild
hält an. Er beginnt in den nächsten Tagen, von einer leichten Malaria
fiebernd, sich die ersten Notizen über die türkischen Greuel zu machen.
Im französischen Mandatsgebiet von Syrien, in den Dörfern um Baal-
bek, nicht weit vom Musa Dagh-Gebirge, führt die Fahrt durch viele armenische Dörfer. Genauere Erkundungen fügen dem ursprünglichen
Eindruck der dunklen Kinderaugen den Handlungsrahmen des vierzig-
tägigen Widerstands einer Handvoll Dorfgemeinden gegen eine er-
drückende türkische Artillerie hinzu. Es ist mehr als wahrscheinlich,
daß Werfel in Beirut mit Augenzeugen der Ereignisse auf dem Berg gesprochen hat. Zurück in Wien, beginnt er sogleich mit der Sichtung des
Materials. Er besucht nun häufig das Haus der mechitharistischen Kon-
gregation, benannt nach ihrem Gründer Mechithar, einem katholischen

Verhungerte Armenier. Foto von Armin T. Wegner, 1915/16

Seelsorger der unterdrückten armenischen Gemeinde von Konstantinopel, der am Anfang des 18. Jahrhunderts dort den Orden gegründet hatte.

Das Material, das Werfel durcharbeitet, um selbst strengsten Authentizitätsmaßstäben zu genügen, türmt sich zu einem beachtlichen Berg. Kein einziges Wort, das im Epos über die Ermordung und Deportation des armenischen Volkes geäußert wird, ist eine Erfindung des Dichters. Wie kaum ein anderer Geschichtsroman des 20. Jahrhunderts halten *Die vierzig Tage des Musa Dagh* sich an Berichte von Augenzeugen und Überlebenden, an Gerichtsprotokolle, Konsularberichte, Botschaftsmitteilungen, Reichskanzleischreiben, an Dokumentationen, Memoiren, Reiseberichte, Mahnrufe, Flugblätter. Dabei ist an erster Stelle die 1919 von Pater Johannes Lepsius unter dem Titel «Deutschland und Armenien» herausgegebene Sammlung diplomatischer Aktenstücke als Quelle zu nennen. Daß es um vollständige Ausrottung ging, geht aus dem Buch von Johannes Lepsius eindeutig hervor. Eineinhalb Millionen Armenier, die Hunderttausende der vorangegangenen Jahre nicht mitgerechnet, wurden in den Jahren des Weltkriegs auf bestialische Weise massakriert, ausgehungert und verbrannt.

Pfarrer Lepsius ist der Held der Rahmenhandlung in Werfels Roman. Während er sich in Konstantinopel und auch in Berlin um die Deportierten kümmert, beschließen die Bewohner der Gegend um den nordsyrischen Musa Dagh (Berg Moses), Widerstand zu leisten. Tausende ziehen auf die Gebirgshöhen, verschanzen sich dort und leisten wochenlang erbitterten Widerstand. Wie die Bevölkerung der kleinasiatischen Städte Wan und Schapien-Karahissar wollen sich die Menschen nicht ohne Gegenwehr abschlachten lassen. Um die Rahmenhandlung, die unermüdlichen Bemühungen von Johannes Lepsius, mit den Hauptereignissen korrespondieren zu lassen, verlegt Werfel das historische Gespräch zwischen dem eiskalten Kriegsminister Enver Pascha und dem Priester in die Zeit zurück, als der Deportationsbefehl eintrifft. Dieses Gespräch, das Werfel anläßlich einer Vorlesungsreihe im November 1932 in verschiedenen deutschen Städten vorträgt, ist die äußerste Entgegensetzung von Gewalt und Ohnmacht. Enver Pascha: das ist für Werfel der Prototyp eines Machtpolitikers im Zeitalter der technokratischen Zweckrationalität. Der *Vampirismus des Apparats, der diejenigen aussaugt, denen er dienen soll*[321], erreicht mit Enver seinen bisherigen Höhepunkt. Lepsius' Grundsatz – *Alles auf dieser Welt ist zunächst eine moralische und viel später erst eine politische Frage*[322] – ist die einzig verantwortbare Entgegnung.

Neben Johannes Lepsius ist es maßgeblich der selbst an einem Armenien-Epos arbeitende Dichter Armin T. Wegner, der zum authentischen

Johannes Lepsius

Gehalt des Werks beiträgt. *Ich glaube, daß wir beide sehr ruhig sein kön-*
nen, denn unsere Werke werden sicher ganz und gar verschieden sein[323],
schreibt ihm Werfel. Werfel kennt Wegners schon 1919 erschienene
Tagebuchaufzeichnungen, vor allem deren letzten Teil, «Die vierzig
Tage und Nächte der Heimkehr», worin der ehemalige Sanitäter erstmals die türkischen Greueltaten an den Armeniern beschreibt. Werfel,
erklärter Feind jeglicher Ästhetisierung von Gewalt, verzichtet auf Aus-
malungen, übernimmt die Augenzeugenberichte fast wörtlich und fügt
sie – *Ein wandernder Teppich, aus blutigen Schicksalsfäden gewoben*[324] –
zu einem Leidenspanorama sondergleichen zusammen. «Armenische
Teppiche», das war in den Postkarten, die Armin T. Wegner an Johannes
Lepsius schickte, der Deckname für die verbotenen Fotoaufnahmen von
den Massakern.

Franz Werfels Hauptfigur, Gabriel Bagradian, fern von seiner armenischen Heimat im europäischen Wohlstand verankert, längst *abgelöst von*
Volk, Staat, jeglicher Menschengemeinschaft, ein geborgener, ein abstrak-
ter Mensch[325], hat kein historisches Modell. Ebensowenig ist er, wie oft
behauptet wurde, Franz Werfel selbst.[326] Der erste Satz des Romans: *Wie*
komme ich hierher?[327], gilt gleichsam für beide. Dann aber trennen sich
die Wege, und Gabriel, zu deutsch: Held Gottes, wird wie der biblische
Namensträger zum Beschützer des Volkes und zum Vollstrecker der gegen die bösen Mächte gerichteten Strafen. Erzählt wird mit seiner Geschichte die Heimkehr eines Entfremdeten, der über den Weg zur Gemeinschaft schließlich zu sich selbst zurückfindet. Dieser Weg ist ein
Gleichnis und keine Biographie. Der Entfremdete bleibt für Werfel stets
der Gott-Entfremdete, derjenige also, der es aufgegeben hat, nach einem
Sinn zu fahnden. *Dreiundzwanzig Jahre der völligen Assimilation*[328] liegen hinter dem reichen Erben, als er auf Wunsch seines Bruders mit seiner
Familie ins Heimatdorf Yoghonoluk am Fuß des Musa Dagh reist. Inzwischen bricht der Erste Weltkrieg aus. Bagradian kann nicht zurück nach
Paris, denn als armenischer Offizier muß er sich zu den Waffen melden
und für ein Land kämpfen, das sowohl ein Feind der Armenier als auch
der Franzosen ist. Bagradians vollständige Luftexistenz, seine Unzugehörigkeit steht am Beginn des Romans. *Er war ... nicht nur in der Welt,*
sondern auch in sich selbst ein Fremder, sobald er mit den Menschen in
Berührung kam.[329]

Die nächsten Stationen des Protagonisten decken sich sowohl mit den
historischen Ereignissen als auch mit dem biblischen Modell, das manchmal ganz offen, meist aber verhüllt den Rahmen stellt. Der im Ausland
erzogene, privilegierte Moses kehrt zu seinen Brüdern zurück, *ein Fremd-*
ling ... im fremden Lande[330], solidarisiert sich mit ihnen, erschlägt einen
einheimischen Fronvogt und führt schließlich den Auszug seines Volkes
an. Der ebenso entfremdete und privilegierte Bagradian muß erfahren,
daß die *melem ermeni millet (die verräterische Armeniernation)*[331]

entwaffnet werden soll und die Offiziere bestenfalls in Straßenbau-Batail-
lonen arbeiten dürfen. Er beleidigt den Bezirkskommandanten und lenkt
so den Haß auf sich. Das spielt sich im Vorfrühling des Jahres 1915 ab.
Bagradian ahnt, was geschehen wird. Die Deportationsmeldungen häufen sich. Er plant die Flucht auf den Musa Dagh, läßt Karten anfertigen
und Waffen bereitstellen, versammelt die sieben Gemeinden – in Wirklichkeit gab es nur sechs Dörfer am Musa Dagh – und leitet den Auszug
der vom Deportationsbefehl bedrohten Armenier auf den Berg. Dort bil-
det er zusammen mit dem weisen gregorianischen Hauptpriester Ter-
Haigasun eine geistlich-weltliche Regierung. Vor dem Hintergrund der
Bedrohung entsteht allen Widerständen zum Trotz ein Staatswesen. Die
40 (tatsächlich 48) Tage der Verteidigung schweißen völlig verschiedene
Menschen zusammen.

Die Befreiung der Gemeinschaft am Ende der 40 Tage – eine Ausnahme inmitten des entsetzlichsten Genozids – ist ein Symbol, das legiti-
miert wird durch Authentizität. Es erscheint schon seltsam, wenn Inter-
preten die Rettung, die sich bis ins geringste Detail so zugetragen hat, als
unwahrscheinlichen Eintritt eines «deus ex machina»[332] bezeichnen.
Auch die Interpretationen, die eine Unvereinbarkeit von Bagradian-Er-
zählung und Armenier-Epos behaupten[333], sind abwegig. Der Protagonist wird zum Heimkehrer, der wie Moses nicht heimisch wird. Dieser
Bezug ist der archimedische Punkt, der die Geschichte der Armenier von
Anfang an mit der Geschichte Bagradians verknüpft. Obwohl er von der
Abstraktheit des westlichen Intellektuellen zum unmittelbaren Verantwortungsbewußtsein für seine Landsleute gelangt, wird er – mit dem Ma-
kel der Assimiliertheit behaftet – von diesen niemals geliebt. Am Schluß
ist er beiden Welten, verkörpert durch seine französische Frau und die
Armenierin Iskuhi, entfremdet. Die aufgegebene Assimilation endet
nicht mit der Aufnahme in die alte Heimat. Werfels Lebensentwurf ist
unzweideutig. Nur durch die Gemeinschaft führt der Weg zum Ich. Auch
wenn dieses Ich am Schluß eine Türkenkugel erwartet, hat es, alleingelas-
sen auf dem Berg, für einen kurzen Augenblick eine Freiheit empfangen,
die der verantwortungslosen Anonymität der westlichen Städte niemals
hätte entspringen können. *Das ist es, darum fühlt er sich so unermeßlich
frei. Kosmische Einsiedelei. Die Sehnsucht dieses Morgens. Nun ist sie
gefunden, wie von keinem Sterblichen noch. Jeder Atemzug schwelgt in der
trunkensten Unfähigkeit. Die Schiffe entfernen sich, und Gabriel bleibt zurück auf diesem Felsabhang des Musa Dagh, der sich leer dehnt, wie eben
erschaffen.* [334]

Der Tod Bagradians am Grab seines Sohnes – *Er klammerte sich ans
Holz, riß es im Sturze mit. Und das Kreuz des Sohnes lag auf seinem Herzen* [335] – stellt am Romanende eine ursprüngliche Einheit auf einer erhöh-
ten Stufe wieder her. Im Opfertod finden die Moses- und die Jesus-Sym-
bolik ihre Verbindung. Gegenseitig erlösen sich Vater und Sohn, alter

Bund und neuer Bund. Der Weg der Gemeinschaft und der Weg des einzelnen treffen zusammen. Hierfür ist das Kreuz der bildliche Ausdruck. Noch deutlicher als am Ende der *Geschwister von Neapel* erscheint nun die Transformation der alten Vater-Sohn-Motivik. Der tote Sohn, der von der Gemeinschaft nicht als ihresgleichen angenommen worden ist, weil er das Stigma des Fremden trug, erlöst den sterbenden Vater. Das ist die so paradoxe wie christliche Apotheose: daß der Vater im Sohn sich opfert für die Gemeinschaft und dann durch den Sohn erlöst wird.

Ende 1932 liest Werfel auf einer Vortragsreise durch deutsche Städte aus dem entstehenden *Musa Dagh*-Roman. *Durch die Ereignisse*, schreibt er seinen Eltern, habe das Buch *eine symbolische Aktualität bekommen: Unterdrückung, Vernichtung von Minoritäten durch den Nationalismus.*[336] Tatsächlich holt die geschichtliche Wirklichkeit den Roman ein. Am 30. Januar 1933 wird Adolf Hitler Reichskanzler in Deutschland.

Franz Werfel begeht einen Fehler, den er später sehr bereuen wird. Obwohl er genau weiß, daß er auf dem Index des «Stürmer» an vorderster Position geführt wird, entschließt er sich – nach telegrafischer Aufforderung, er befindet sich in Italien –, am 19. März 1933 zusammen mit Freunden und Kollegen wie Georg Kaiser, Fritz von Unruh, Alfred Mombert und Bernhard Kellermann eine Erklärung zu unterschreiben, worin er sich «unter Anerkennung der veränderten geschichtlichen Lage» dazu bereiterklärt, seine «Person» der nunmehr «gesäuberten» Preußischen Akademie der Künste auch zukünftig zur Verfügung zu stellen. Bei dieser Gelegenheit treten Thomas Mann, Jakob Wassermann und auch – trotz prinzipieller Bejahung des geforderten Loyalitätsanspruchs – Alfred Döblin aus.[337] Noch vor der Sektionssitzung vom 5. Mai, als nationalsozialistische Schriftsteller in die Abteilung gewählt werden, wird Werfel durch Max von Schillings per Einschreiben der Ausschließungsbeschluß mitgeteilt. René Schickele, Leonhard Frank und Rudolf Pannwitz erhalten den gleichen Bescheid.

Franz Werfel hat sich vor allem in der Einschätzung der Dauer des *Schwachsinns* geirrt. *Nach einem langen Aufstieg wird es den Juden jetzt wieder schlechter gehn, aber vielleicht ist es nur ein kurzer Rückschlag*[338], schreibt er seinen Eltern Ende März 1933. Schon die Bücherverbrennung im Mai aber, bei der auch viele seiner Werke in die Flammen geworfen werden, offenbaren eine ungeheuerliche Aggressivität, ein Autodafé-Bedürfnis, das sich mit Büchern nicht zufriedengeben wird.

Auch in Österreich spitzt sich die politische Lage zu. Die brutalen Straßenkämpfe, die im Februar 1934 in Wien zwischen Regierungstruppen und dem republikanischen Schutzbund ausgetragen werden, enden mit dem Verbot der Sozialisten und aller anderen Parteien außer der Vaterländischen Front. Das sinnlose *Werk der Vernichtung*[339] an der sozialdemokratischen Bewegung, deren Aufgabe, *trotz tragischen Versagens bei Kriegsausbruch*, immer darin bestanden hat, *das materielle Lebens-*

Bücherverbrennung der Nazis, 10. Mai 1933

*elend der Massen zu mildern und so endlich einen menschenwürdigen Zu-
stand des Nicht-Leidens hervorgebracht hat*[340], treibt Werfel zur Verzweiflung. Unbestritten sind die Verdienste der Sozialdemokratie. *Gerade hier
in Wien muß ein Auge von politischem Haß schon völlig verblendet sein,
um das nicht in tiefer Dankbarkeit anzuerkennen.*[341] Im Februar 1934 hat
dieser Haß gesiegt. Eine große Zahl von Toten und Verwundeten auf
beiden Seiten sind das schreckliche Fazit der Kämpfe. Überfüllte Kran-
kenhäuser, Standgerichte, Kopfflöhne und Denunziationen sind an der
Tagesordnung. Viele der modernen proletarischen Wohnhauskomplexe
wie der in der Nähe des Werfelschen Hauses gelegene Karl-Marx-Hof
sind vom Artillerieeinsatz der reaktionären Heimwehr zerstört worden.
In Almas Villa auf der Hohen Warte, «in absoluter Gefahrenzone»[342]
also, finden, als die große Jagd auf Sozialisten beginnt, Regimegegner wie
der kommunistische Schriftsteller Ernst Fischer, der Bildhauer Fritz Wotruba oder Elias Canetti Unterschlupf.

Aus Santa Margherita, wo er vom Februar-Aufstand erfährt, schreibt
Werfel niedergeschlagen von den Ereignissen, verbittert auch durch das
deutsche Verbot des *Musa Dagh* – «die Türkei hat Einspruch erhoben,

99

also aus politischen Gründen»[343] – an den Zsolnay Verlag in Wien: *Ich arbeite, ohne daß ich weiß, ob aus dem ganzen Plan (Bibel) etwas wird. Hoffentlich geht die Welt endgültig, radikal und rasch unter. Dann sind wirs los. (Ich rieche Krieg)*[344] Ganz offensichtlich hat sich diese apokalyptische Stimmung auf das soeben begonnene vierteilige Bibelspiel, eine Auftragsarbeit für Amerika, übertragen.

Drei langgezogene Töne auf dem Schofar, dem Widderhorn, kündigen am Beginn von *Der Weg der Verheißung* die drohende Gefahr eines Pogroms an. Aus weiter Ferne wird *ein Gehen, Stapfen, Scharren von Tausenden von Füßen, der Lärm einer ziehenden Menge, die sich in Bewegung setzt und näher kommt,* vernehmbar.[345] Auch die im Sommer überarbeitete Fassung des Werks vollzieht sich vor einer düsteren politischen Kulisse. In Wien wird bei einem nationalsozialistischen Putsch Engelbert Dollfuß, der die Nazis vehement bekämpft hat, umgebracht. Der Putsch mißlingt. Ein regelmäßiger Gast der Werfels, der bisherige Unterrichtsminister Kurt Edler von Schuschnigg, rückt an die Stelle des kleinen Kanzlers und setzt dessen linksfeindlichen Kurs fort. Karl Kraus ist über den Tod des verehrten Dollfuß so erschüttert, daß er in Tränen ausbricht. Einen Romantitel von Werfel variierend schreibt Bertolt Brecht über die austrofaschistischen Sympathien des Satirikers: «Er rühmte die Mörder. Er beschuldigte die Ermordeten.»[346]

Als ein Israel *dienendes Werk*[347], dargestellt auf einer Mysterienbühne, will Werfel sein neues Stück verstanden wissen. Als ewiges Geschehen, immerfort nachzuvollziehen im Akt des Eingedenkens, als symbolischen Ablauf und als ethisches Modell der Selbstbewahrung, keineswegs aber als bloßes Historiengemälde begreift er die biblischen Geschehnisse. Auf fünf Bühnen, in einer *bisher unerhörten dramatischen Polyphonie*[348], soll sich das Spiel entfalten. Mit dem Begriff *Polyphonie* ist die Simultaneität der Ereignisse als ewiges Geschehen, als Allgegenwart genau bezeichnet. Werfel hat sich, mit metrischen Eingriffen, an den biblischen Text gehalten. Das Werk ist eine Montage. Gelegentlich, wie etwa beim Tode Moses', greift er auf jüdische Sagen und rabbinische Quellen zurück.

In vier Teile – die Erzväter, Moses, die Könige und die Propheten – gliedert sich das Spiel. Eingebunden und unterbrochen wird es vom Parallelgeschehen einer *zeitlosen Gemeinde Israel in einer zeitlosen Nacht der Verfolgung.* Das Bethaus, in das sich die Gemeinde geflüchtet hat, ist, mit Börne gesprochen, ein «magischer Judenkreis». Werfel nimmt das Jahr 1935 mit den Nürnberger Rassegesetzen vorweg. Keiner kann mehr heraus. Unwichtig fürs Überleben wird das individuelle Selbstverständnis der Verfolgten. Werfel läßt eine ganze Typologie jüdischer Identität erscheinen. Es gibt dort den mäkelnden Defaitisten: *Hat man schon gehört, daß es jemals Tag war in Israel?*[349] Es gibt die Ängstlichen und die Verantwortungsbewußten, die Frommen und die Entfremdeten: *Ich wäre nicht zurückgekehrt, wenn das Volk draußen mich nicht an meinem Gesicht er-*

Kurt Weill, Franz Werfel und Max Reinhardt (v. l.) bei den Proben zu «Der Weg der Verheißung», New York 1935/36

kannt hätte.[350] Auch für den an Selbsthaß leidenden ewigen *Widerspre-cher* findet sich kein Ausweg. Kaum hat man ihn hinausgeworfen und in *Totenstille* abgewartet, was mit ihm geschieht, ist er, ein unverzichtbarer Bestandteil des allegorischen Personals, wieder auf der Bühne. Seine Rede aber macht die Verzweiflung darüber, dazugehören zu müssen, auf das eindringlichste transparent: ... *meine Zeit ist das ewige Nie. Die ande-ren Menschen werden geboren, leiden und sterben. Nur ich muß zu allem noch Gott auf dem Rücken tragen wie einen Berg. Ich werfe ihn ab. Ich hab ihn satt...*[351]

Eine «monumentale Anklage, ein Mahnmal»[352] stellt sich Meyer W. Weisgal, der Theaterproduzent, vor. Tatsächlich sind Aufgebot und Aufwand enorm. Schon die ersten Ankündigungen im Sommer 1934, als Weisgal, Max Reinhardt, Kurt Weill und Franz Werfel in Salzburg das Projekt durchsprechen, rufen Polemik hervor.

Im November 1935 befinden sich Alma und Franz Werfel dann endlich auf dem Ozeandampfer nach Amerika, um sich die Uraufführung anzuschauen. Werfel fährt mit gemischten Gefühlen. Gerade in den USA sei die *kollektivistische Sehnsucht nach dem menschlichen Fertigfabrikat*[353] am weitesten fortgerückt. An der kapitalistischen Ausbeutung aber habe sich nichts geändert: *Man greift sich an den Kopf, liest man in Zeitungen und Biographien ehrfürchtige Hymnen über den Automobilfabrikanten Henry Ford. Seine Arbeiter können zwar mit fünfzig Jahren krepieren, dürfen aber vorher, um den Absatz der Fabrik zu steigern, die Straßen mit ihren eigenen Ratterschachteln verstopfen.*[354] Dieses Amerika-Bild hat Werfel im kalifornischen Exil zwar differenziert, aber – der Roman *Stern der Ungeborenen* wird es zeigen – niemals zurückgenommen. Der erste Amerika-Aufenthalt bestätigt Werfel eher in seiner Ansicht. Wie später *Jacobowsky und der Oberst* wird auch *Der Weg der Verheißung* ein kommerzielles Kalkulationsobjekt. Schwierigkeiten wie der für die Inszenierung notwendige Umbau der Oper, Streitigkeiten mit der Bühnenarbeitergewerkschaft und Geldknappheit verzögern die Inszenierungsarbeit. Erst am 7. Januar 1937, also rund ein Jahr später als geplant, wird das weit mehr als 200 Akteure benötigende Stück uraufgeführt. Beim Publikum ein großer Erfolg, wird es dennoch ein finanzielles Fiasko. Werfel hat die Aufführung nie gesehen. Enttäuscht war er abgereist und betritt am 22. Febuar 1936 in Le Havre wieder europäischen Boden. Das erfreulichste Erlebnis in den USA waren die Armenier, die den dort soeben erschienenen und sofort vergriffenen *Musa Dagh* und seinen Dichter enthusiastisch feierten. In einem Weihnachtsgottesdienst, den Werfel als Ehrengast bei der armenischen Gemeinde mitfeierte, sagte der Priester: «Wir waren eine Nation, aber erst Franz Werfel hat uns eine Seele gegeben.»[355] Auch in Paris, der ersten Station nach der Seereise, wird Werfel als Homer des armenischen Volkes umjubelt. Dort lernt er bei einem Festessen zu seinen Ehren jenen Admiral kennen, der vor mehr als zwanzig Jahren die Menschen vom Musa Dagh gerettet hatte.

Das Jahr 1935 gehört zu den unglücklichsten Lebensabschnitten Franz Werfels. Im März stirbt seine alte Kinderfrau Barbara Šimůnková. Einen Monat später folgt ihr die geliebte Stieftochter Manon. Im August schließlich wird in Prag seine Jugendfreundin Maria Glaser-Bondy begraben. Tod und Kindheit erscheinen als Leitthemen auch in dem im selben Jahr herauskommenden Gedichtband *Schlaf und Erwachen*. Bereits Mitte März in Baden abgeschlossen und mit einer Vorbemerkung versehen, wird das Buch noch um Verse erweitert, die der toten Babi gelten.

Gleich das erste Gedicht, der *Totenpsalter*, ist eine Mahnung, die Toten nicht zu vergessen, diese *Lumpenproleten in Gottes verborgenem Staat*, die um uns herum sind. *Die Luft ist voller Wiederkehr.*[356] In den folgenden Litaneien, Elegien, Hymnen, Legenden, Landschaftsimpressionen und Sinnsprüchen werden diese Gespenster lebendig. Die Zeiten, Leben und Tod, geraten ineinander, verwirren sich, um am Ende den Ursprung

Manon Gropius

oder das Kind wiederzufinden. Werfels auch in seinen kulturkritischen Essays nunmehr nachdrückliches Festhalten an Werten und Daseinsweisen, die vor dem neuzeitlichen Riß zwischen Glaube und Vernunft noch ein geschlossenes Weltbild verbürgten, etwa Demut und Heiligkeit, äußert sich in der zunehmenden Tendenz zur Bewahrung der Konvention auch in der ästhetischen Formgebung. Seine neuen Gedichte insistieren auf der Innenwelt erzeugenden Funktion von Lyrik und verweigern sich noch in den Landschafts-Idyllen, Tier-Impressionen und Jahreszeiten-Elegien einer bloß deskriptiven Technik. Ganz verschwunden ist das additive Kompositionsprinzip, der Katalogstil der frühen Jahre. Der dithyrambische oder psalmodische Grundton findet sich nicht mehr. Werfels Gedichte machen nun äußerste Formstrenge zum Maßstab ästhetischer Gelungenheit.[357]

Die immer wiederkehrende Todes-Symbolik der Lyrik zeugt von der wirklichen Trauer des Schriftstellers. Der Tod der Stieftochter Manon, die in der Familie auch Mutzi genannt wurde, hatte sich aus heiterem Himmel angekündigt. *Hops doch nicht so*[358], ruft Werfel Manon zu, als sie ihm im April 1934 auf dem Markusplatz entgegenläuft. Neben ihm sitzt der Schriftsteller und Regisseur Ernst Lothar, dessen Tochter Agathe, die fast auf die Stunde gleichaltrige Freundin Mutzis, vor einigen Monaten an Kinderlähmung gestorben ist. Werfel ahnt, wie sehr bei dem unglücklichen Kollegen durch den Anblick der munteren, oft «Gazelle» genannten Manon der Schmerz aufgerührt wird. Früh am nächsten Morgen, es ist der 13. April, verlassen Alma und Franz Werfel Venedig, um sich in Wien eine Aufführung von Mahlers «Lied von der Erde» unter Bruno Walters Leitung anzuhören. Manon will lieber in Venedig bleiben. Am gleichen Tag noch stellen sich Übelkeit und schlimme Kopfschmerzen bei ihr ein, denen bald eine Lähmung der Beine folgt. In Wien wird die Diagnose gestellt. Kinderlähmung lautet der schreckliche Befund der Ärzte. Die Agonie Manons beginnt im April 1935, am Ende der Karwoche. Man holt die qualifiziertesten Neurologen, versucht es mit Röntgenbehandlungen, doch die Temperatur erhöht sich ständig und die Kopfschmerzen werden übermächtig. Alma und Franz Werfel wachen ohne Unterbrechung an Manons Bett. Am Ostermorgen um elf Uhr geben die Ärzte Manon auf. Ohne in den letzten Minuten nochmals von den entsetzlichen Schmerzen heimgesucht zu werden, stirbt Manon am frühen Nachmittag des Ostermontag, im Alter von achtzehn Jahren.

Der Tod hat dich uns entrissen. Seitdem gehen wir wie Kranke, wie Halbgelähmte durch das Haus und durch die Welt... Ich aber will dich nicht verlieren.[359] Diese Worte schreibt Werfel nach dem Tod Manons, mit dem er sich bis zu seinem Lebensende nicht abfinden wird. Die Frauenlegenden, die er nun beginnt, sollen dazu verhelfen, *recht lange und recht innig bei dir und mit dir zu sein... Ich werde deine Stimme hören.*[360] Ein Jahr später gibt er diese Meditationen auf und beginnt den Roman über den Propheten Jeremias, der unter dem Titel *Höret die Stimme* noch vor der nationalsozialistischen Okkupation Österreichs erscheint. Wenngleich Fragmente, so sind die Heiligenlegenden Werfels doch aufschlußreich. Das Thema der Heiligkeit als *Umschaltpunkt der Natur in Übernatur, und der Übernatur in die Natur*[361] nimmt von nun an im Werk eine exponierte Position ein. Werfel weist eigens darauf hin, daß dabei nicht ausschließlich an die christliche Heiligenverehrung gedacht ist. Er liest die aus dem 13. Jahrhundert stammende «Legende Aureata» des Dominikaners Jacobus de Voragine und stößt darin auf die Geschichte der Miranda aus Mondice, einer Mittlerin *zwischen unten und oben*[362] und Fürbitterin der Tiere. Zweifellos hat Manons außergewöhnliche Tierliebe dieses Interesse motiviert. Über zwei Anfangskapitel kommt Werfel nicht hinaus. Er erkennt, daß *etwas Krankhaftes* die Absicht begleitet, *den Verlust und die*

Vorderansicht des Heiligtums
von Brandopferaltar aus.
Der Eingang in das Heilige

Skizze Werfels zum Jeremias-Stoff

geliebte Gestalt Mutzis sofort zu «zu verewigen»[363]. Erst fünf Jahre später schreibt er *Das Lied von Bernadette* und widmet es Manon.

Im Frühjahr 1936, nach vergeblichen Versuchen, die *Heiligenlegenden* zum Abschluß zu bringen, macht sich Werfel bei einem achttägigen Aufenthalt in Locarno, wo eine Seelenandacht für Manon stattfindet, erste Notizen zu einem neuen Vorhaben. *Der Plan wäre: Den Roman der Propheten, der Künder Gottes zu schreiben, wahrscheinlich das Epos des Propheten Jeremiah, weil es dramatisch und geschehensmäßig am fruchtbarsten ist.*[364] Bereits im *Weg der Verheißung* tritt dieser Prophet mit seinem Joch um den Nacken auf, zerschlägt die Götzen und verheißt Juda, der *Jugendliebe des Herrn*[365], den Gerichtstag. Entscheidend aber ist hier schon der eigentliche gegenfatalistische Zug der jüdischen Prophetie, die im Gegensatz zur griechischen Moira die Möglichkeit der Abwendung des Verhängten, eine Entscheidungsfreiheit also, kennt. *Es ist beschlossen, doch noch nicht geschehen*[366], sagt Werfels Jeremias im Bibelspiel.

Die Erfahrungen der Reise nach Ägypten und Palästina in den ersten beiden Monaten des Jahres 1925 werden jetzt wieder lebendig. Auch in der Rede *Von der reinsten Glückseligkeit des Menschen* aus dem Dezember 1937 taucht die Erinnerung an den ägyptischen Totenkult auf. Werfel erinnert sich an das «Tal der Könige», die Bilder von der Fahrt des Sonnengottes in die Unterwelt und die Säulenschäfte der Tempel von Karnak und Luxor. *Da wurde es mir klar: Kunst ist das Gegenteil von Zeitvertreib. Sie ist Zeit-Verhaftung. Sie ist Tod-Vertreib.*[367] Glückseligkeit als Unsterblichkeitsgewißheit aber existiert in der Neuzeit nicht mehr. Deren Tendenz ist die Verdrängung der Todeserfahrung durch die Technokratie des Zeitvertreibs. Es sei klar, *daß wir zwar an analytischer Methodik reicher, an wesensganzer Erkenntniskraft unvergleichlich ärmer geworden sind*[368]. Damit ist die semantische Dimension verlorengegangen, die der Prophet im Roman *Höret die Stimme* im höchsten Grad besitzt: *Der archaische Mensch lebte und dachte einzig und allein im Gleichnis. Hierin unterscheiden wir uns am tiefsten von ihm. Für uns sind die Dinge nur, aber sie bedeuten nichts.*[369]

Die Stationen des Verlusts der Vorstellungskraft und des Aufstiegs des positivistischen Beweiszwangs stehen in einem dialektischen Verhältnis zueinander. Der tatsächlich in die Stratosphäre aufgestiegene Forscher entdeckt dort oben lediglich die kosmische Wiederholung seines eigenen geistigen Daseins: *Und siehe, es war nichts dort.*[370] Dieser Gleichung von Naturbeherrschung und Sinnentzug, der *Eroberung dieser Welt um den Preis der Überwelt*[371], setzt Werfel neben der ägyptischen Totenweisheit auch die altchaldäische Kosmogonie entgegen. In einer über die Quellen hinausgehenden Erfindung läßt er seinen Jeremias in Babylonien Sternkunde-Lektionen zuteil werden. Das zentrale Axiom der astrologischen Entsprechungslehre, die der Prophet durchdringt und mit seinem Monotheismus in Einklang bringt, ist zugleich die Grundformel, unter die Werfel seine eigenen Gedanken subsumiert: *Alles was oben ist, das ist auch unten!*[372]

Jirmijah aus Anathot, der kurzsichtige Sohn des Priesters Hilkijah und der bedeutendste Prophet der letzten Tage des Königreichs Juda, dessen Stammbaum bis zu Moses und Aaron zurückreicht, ist der einzige, der jene Stimme wirklich hört, die *innen und außen zugleich*[373] spricht. Als Prophet wird er dem Doppelsinn des hebräischen nahi, das Rufer und Gerufener zugleich meint, in Werfels Roman voll gerecht. Wie sein Vorfahre Moses, der mit dem Hinweis auf fehlendes rhetorisches Geschick seine Auserwählung abzulehnen versucht, will Jirmijah sich bei seinem ersten auditionären Erlebnis durch den Verweis auf seine Jugendlichkeit vor der Berufung retten. Nachdem er den ersten und entscheidenden Auftrag bekommen hat, *Ausreißen, zerbrechen, verstören, verderben sollst du – und bauen und pflanzen*[374], ist sein Leben grundlegend verwandelt. Der antinomische Charakter dieser Funktion, der Widerspruch von Apokalyptik und Heilsexodus, wird auch der Charakter des Protagonisten. Dessen Tragik ist das ununterbrochene Bewußtsein der Paradoxie, daß Gott zerstört, was doch unzerstörbar sein soll, daß Licht und Finsternis identisch sind und daß der große Vernichter, der babylonische Herrscher Nebukadnezar, ein Knecht Jahwes, ein Vollzugsinstrument des Herrn ist. Nie zuvor war es so schwer, den göttlichen Heilsplan und die geschichtliche Wirklichkeit in ihrem Zusammenhang zu begreifen. Dabei geht es Werfel darum, zu zeigen, daß auch der Gedanke des jüdischen Auserwähltheitsanspruchs in einen historischen, mythologischen und religionspsychologischen Kontext zu stellen ist. Keine ursächliche Differenz also, sondern eine geschichtlich zu deutende Individualität bezeichnet Israels Stellung als Bezugssystem im Aufbau des Ganzen. Thomas Manns babylonischer Abraham, Freuds ägyptischer Moses, aber auch Werfels reisender Prophet Jeremias, der seine internationalen Erfahrungen mit der Vaterreligion verbindet, sind symbolische Gestalten, das Gegenteil chauvinistischer Eindimensionalität.

Über Erschlagene, Verhungerte und von der Pest Hingeraffte, vorbei an geschändeten Gräbern führt Jeremias' Weg am Romanausgang. Vögel und Wüstentiere streiten sich im zerstörten Jerusalem um das Aas. Verdreht und verkrümmt liegen tote Kinder im Schutt, jedes einzelne *eine unnachgiebige Frage an die Undeutlichkeit Zebaoths*[375]. Während Werfel diesen Abschlußteil schreibt, bombardieren Hitlers Jagdflieger überraschend die baskische Stadt Guernica und hinterlassen dort ein Bild des Grauens. Werfels Beschreibung der von Trümmersturz und Steinschlag unkenntlich gemachten Stadt birgt in ihrer ungeheuerlichen Plastizität aber auch das Bild der zukünftigen, von Bomben durchpflügten Stadtlandschaften des Zweiten Weltkriegs in sich. Jeremias, bei jedem Schritt stolpernd, weiß längst nicht mehr, ob er *innerhalb oder außerhalb der zerhämmerten Häuser wandert*[376]. Als letzter Mensch betritt er den Tempel vor dessen Zerstörung. Im Innern findet er einen übriggebliebenen Splitter der Tafeln vom Sinai. Damit schließt sich ein Kreis, der mit Jeremias' Auszeichnung beim Pessachfest am Anfang des Romans beginnt. Die dort erblickten Steine des heiligen Felsens, *die einzige Verkörperung des Körperlosen in der größten Gemeinschaft zwischen Mensch und Gott*[377], sind nur noch als winziger Rest vorhanden.

Auf der politischen Ebene handelt das Buch vom Untergang eines kleinen Volkes, nicht zuletzt durch selbstmörderische Pakte und durch Ausschaltung kritischer Stimmen im eigenen Land. All das aber hat seine traurige Vorgabe in der historischen Wirklichkeit. Am 11. Juli 1936, während Werfel den Roman schreibt, ist es zum Pakt zwischen Österreich und Hitler gekommen. Damit fällt zugleich die Entscheidung gegen eine antinationalsozialistische Volksfront der politischen Linken nach dem neuen französischen Modell Léon Blums etwa. Der für das Abkommen verantwortliche Minister ist Edmund Glaise-Horstenau aus Braunau am Inn, eine Vorfeldfigur der österreichischen Nationalsozialisten, aber auch persönlicher Vertrauensmann des Bundeskanzlers. Selbst verhinderter Priester, rechnet er politisierende Kleriker wie den ehemaligen Bundeskanzler, den Prälaten Ignaz Seipel, oder den Freund Almas, den geistlichen Dekan und Professor Johannes Hollnsteiner, zu seinem näheren Bekanntenkreis. Auch er erscheint gelegentlich in Alma Mahlers Salon auf der Hohen Warte und hat dort aus seinen offen vertretenen gefährlichen Ideen bestimmt kein Hehl gemacht. Werfel, Freund des ehemaligen sozialdemokratischen Kanzlers Karl Renner und weiterhin mit dessen verbotener Partei sympathisierend, erfährt gleichsam aus erster Hand von den bedrohlichen Bündnisplänen.

Die von Alma veranstalteten Gartenfeste, Heurigenabende oder Soireen weisen eine durchaus gemischte Gesellschaft auf. Ein Jahr nach Vollendung der Prophetenromans wird sich der größte Teil der Gäste, die Werfel im wenig geliebten Smoking am Eingang «mit einem verschmitzten Lächeln in den Augen»[378] empfängt, bereits im Exil oder in Haft befinden, während einige der Teilnehmer unter den neuen Machthabern reüssieren. Zu den Geladenen, darunter Kanzler und zahlreiche Minister, gehören der Komponist Alexander von Zemlinsky, Generalmusikdirektor Bruno Walter, die Schriftsteller Carl Zuckmayer, Raoul Auernheimer, Ödön von Horváth, Franz Theodor Csokor und Hermann Broch. Dabei ist es eher eine Ausnahme, wenn Werfel an den rauschenden Festen überhaupt teilnimmt. «Es war ein Tanz auf dem Vulkan. Unten tobten wir, oben arbeitete er, allein, der Werfel»[379], erinnert sich Fritz Wotruba, Anna Mahlers Lehrer. Der Salon der Werfels aber ist, um im Bild zu bleiben, ein Seismograph. Je näher der März 1938 kommt, desto mehr Lücken weist die Gästeliste auf. Absagen aus zwielichtigen Gründen häufen sich. In der späteren Exilprosa, in *Eine blaßblaue Frauenschrift*, dem *Cella*-Fragment oder dem *Veruntreuten Himmel* hat Werfel diese immer beflissener geratenen Kotaus vor den kommenden Machthabern genau festgehalten.

In den Diskussionen, die im Salon der Werfels über den Spanischen Bürgerkrieg geführt werden, vertritt Werfel zu Almas großem Verdruß entschieden die Seite der linksrepublikanischen Regierung. Als der Putsch der Franco-Generale am 17./18. Juli 1936 beginnt und Hitler-Deutschland die faschistische Offensive militärisch unterstützt, weiß Werfel bereits, daß hier ein Manöver der späteren Kriegsgegner stattfindet. Auch vor Schuschnigg, dem Protegé Mussolinis, dessen Truppen von Italien aus Málaga erobert haben, macht er aus seiner Verachtung der Mörderbanden kein Hehl. Unter den sozialistischen, kommunistischen und anarchistischen Schriftstellern, die nach Spanien gehen, um von dort zu berichten oder gegen die Barbarei zu kämpfen, befinden sich auch ein paar Freunde und Bekannte wie Egon Erwin Kisch, Ernst Toller, Klaus und Erika Mann und Karl Otten.

Die 1938 geschriebene Erzählung *Die Legende vom gerissenen Galgenstrick* schildert genau die Exekutions- und Lynchpraktiken der spani-

Kurt Edler von Schuschnigg, 1935

schen Faschisten. Werfel stützt sich auf dokumentarische Quellen. Beschrieben wird die merkwürdige Karriere des Lust- und Raubmörders Estaban Ahimundo y Abreojos, der von der republikanischen Administration gerade zum Tode verurteilt worden ist, als die Stadt Málaga von den Generalstruppen eingenommen wird. Der neue Kommandant beschließt, ihn zusammen mit den politischen Opfern, *Freiheitskämpfer, Pazifisten, Demokraten, Sozialisten, Kommunisten und anderes humanitätsduselndes Gesindel*, hinrichten zu lassen. Wie durch ein Wunder überlebt der Mann und kriecht aus dem Massengrab. Nachdem auch der Galgenstrick gerissen ist und der Mörder nun selbst zu ahnen beginnt, daß er eine schicksalhafte *geheimnisvolle Protektion* genießt, avanciert er schließlich zum Exekutionsleiter der Truppe. Das Fundament der Erzählung findet sich im Buch Hiob, 21, 29–32: «...daß nämlich der Böse erhalten wird am Tag des Verderbens und am Tag des Grimms bleibt.» Werfels Theodizee-Denken hält auch in diesem geschichtlichen Stadium noch an der

Providentialität der geschehenen Verbrechen fest, an dem Glauben, daß in den Geburtswehen des Messias das gräßliche Gelichter sich nochmals verwirklicht. Die scheiternden Attentatsversuche auf Hitler während des Kriegs nehmen sich wie eine welthistorische Verifikation der Erzählung aus. *Es geschehen ja ... deutliche Zeichen und Wunder, um die Missetäter zu retten*, heißt es in der Erzählung, die der Spanien-Kämpfer Alfred Kantorowicz «die härteste Anklage gegen das Unrecht in der Welt»[380] nennt.

Im Juni 1937 nimmt Werfel, nach einem Abstecher zu seiner Schwester Mizzi nach Zürich, am 15. Internationalen P.E.N.-Kongreß teil. Zusammen mit Karel Čapek, James Joyce, Lion Feuchtwanger, H. G. Wells protestierte er gegen die Erschießung des spanischen Dichters García Lorca in Granada und für die Entlassung des Nobelpreisträgers Carl von Ossietzky. Zu einer schweren Auseinandersetzung mit dem ihm sonst sehr nahestehenden Lion Feuchtwanger kommt es, als es dieser, immerhin Leiter der deutschen Delegation, wagt, die Thesen seines neuen Buchs, des Reiseberichts «Moskau 1937», in der Öffentlichkeit vorzutragen. Werfel weiß zu diesem Zeitpunkt genauestens Bescheid über den stalinistischen Terror, über die Entkulakisierung, die Schauprozesse und die Massenliquidierungen. Entsetzt schreit er Feuchtwanger an, der sich gerade stolz mit Stalin auf einem Foto verewigt hat und nun die Verfolgung der Trotzkisten verteidigt und den Diktator als idealen Führer «wirklich Fleisch vom Fleische des Volkes»[381] apostrophiert. Im Rahmen einer großen Diskussion spricht Werfel über *Die Zukunft der Literatur* und wendet sich gegen den *Totalitäts-Anspruch gewisser Staaten und ihrer nationalen Ideologien*, auf die Dichtung einzuwirken. Abgesehen von einigen schönen Erlebnissen wie dem trinkfreudigen Zusammensein mit James Joyce – über den Tisch hinweg singen sie zusammen geliebte Arien, Chöre und Duette, «diskret summend zunächst; dann aber, zum Erstaunen der übrigen Gäste im Restaurant, mit festlich erhobenen Stimmen»[382] – ist Werfel erschüttert über die trostlose Situation der Emigranten. Das Exil verwandle Menschen, schaffe unlösbare psychische Probleme und ende in Verfall und Labilität, berichtet er Alma, die längst schon alles in den fast 30 Räumen ihres Hauses angesammelte kostbare Gut verpackt hat.

In Österreich ist es mit dem Theater als ewigem Spiel der Menschenkinder, die, mit Max Reinhardts Worten, «nach dem Vorbild Gottes Menschen nach ihrem Ebenbild schaffen, sie auf die Bretter stellen ... und seit Jahrtausenden nicht müde werden, sich in ihnen zu erkennen»[383], nach der Aufführung des Schauspiels *In einer Nacht* am 5. Oktober 1937 für lange Zeit vorbei. Mit dem im Theater in der Josefstadt gespielten Stück verabschieden sich Max Reinhardt und Franz Werfel von Wien. Es ist überhaupt ihre letzte Zusammenarbeit und dazu noch das letzte Werk, das zu Werfels Lebzeiten in Österreich verlegt werden darf.

Totentanz und Utopie

Heute am Sonntag, den dreizehnten März, will mein Herz vor Leid fast brechen, obwohl Österreich nicht meine Heimat ist. Oh Haus in Breitenstein, wo ich 20 Jahre gearbeitet habe, soll ich dich nie mehr wiedersehen? Besser schweigen![384] Diese Worte schreibt Franz Werfel in Capri, wo er seit Beginn des Jahres 1938, in schlechter gesundheitlicher Verfassung, neue Gedichte schreibt und Essayistisches wie die *Betrachtung über den Krieg von morgen* verfaßt, worin er genau das Zusammenfallen von Ideologie und Genozid beschreibt, das schon bald zur Wirklichkeit werden soll: *völlige Zerstörung, Ausrottung und Deportation*[385].

Schuschniggs Volksabstimmung über die Unabhängigkeit Österreichs ist gescheitert wie vorher sein Versuch, die Nationalsozialisten von der Regierung fernzuhalten. Am 11. März 1938 marschieren die reichsdeutschen Truppen ein, am 13. März wird vor einer begeisterten Bevölkerung in Wien der Anschluß Österreichs proklamiert. Für Werfel beginnt das Exil. *Finis Austriae*, schreibt er erschüttert in sein Arbeitsheft. Weder Böhmen noch Österreich wird er je wiedersehen. Ohne Klage über den Verlust seines Hauses und seiner Bibliothek richtet er sich in den neuen, ungewissen Lebensumständen ein. In der alten Züricher «Bodega» rezitiert Werfel Freiligraths Gedicht «Die Auswanderer». Auf die Frage, warum er kein Einwanderungsvisum für Amerika beantrage, antwortet er störrisch: *Eine Flucht genügt... Was sollen wir in einem Land, wo man Ketchup aufs Rindfleisch schüttet.*[386] In einem Lokal werden sie von Gerhart Hauptmanns Sohn Benvenuto, den sie bestens kennen, ostentativ übersehen, während er vertraulich mit einem militanten Nazi plaudert. Entsetzt erkennt nun auch Alma den «politischen Fanatismus» und die «augenblickliche Dämonie». Die nächsten Fluchtstationen führen über einen dreiwöchigen Aufenthalt in London nach Paris, wo sie im Petit-Bourgeois-Hotel «Royal Madelaine» in der Rue Pasquier unterkommen. Unmittelbar nach der Ankunft wird Werfels Freund Ödön von Horváth an der Avenue Marigny vom herabstürzenden Ast eines Kastanienbaums erschlagen. Am 7. Juni wird er auf dem Friedhof von Saint-Ouen begraben. Die ganze Pariser Emigration ist anwesend, darunter Joseph Roth und Carl Zuckmayer. *Ein sonderbarer Tod!*, so lautet der Schluß von Werfels Grabrede. Aufgewühlt durch dieses Ereignis schreibt er das kleine Prosa-Fragment *Beim Anblick eines Toten.*

Im Juli erkrankt Werfel ernsthaft. Sofort stellt sich das Trauma vom Tod seines Sohnes wieder ein. *Es ist, als wenn in meinem Kopf Wasser wäre.*[387] Der Kettenraucher vermutet eine Nikotinvergiftung. Statt dessen diagnostiziert der Arzt einen Herzanfall. *Mein Gott, was soll werden!! ...Das Meer der Unordnung überspült mich*[388], notiert er in sein Tagebuch. Glücklicherweise behält er seinen Kopf über dem Wasser und kann nach ein paar Wochen aus Sanary-sur-Mer, einem kleinen Fischerdorf in der Nähe von Toulon, berichten: *Kein Tabak, kein Alkohol, kein Kaffee... Als Ersatz habe ich das einzigartige Meer hier und ein kreisrundes Turm-Arbeitszimmer mit zwölf windgeschüttelten Fenstern.*[389] Sanary wird in Emigrantenkreisen längst die «Hauptstadt der deutschen Literatur» genannt. Lion Feuchtwanger, René Schickele, Fritz von Unruh, Heinrich Mann, Ludwig Marcuse und Bruno Frank gehören zu den ständigen Bewohnern des Orts. In der Nähe, in Nizza und Cagnes-sur-Mer, halten

Der Wohnturm der Werfels in Sanary-sur-Mer

sich der alte Freund Hasenclever, Annette Kolb, Joseph Roth, Ferdinand Bruckner und Franz Theodor Csokor auf. «Le Moulin gris» heißt der von einem Pariser Maler ausgebaute Sarazenenturm, in dem Werfel gerade wieder anfängt zu arbeiten, als ihn, *Höhepunkt des Grauens und der Schmach*, die schlimme Nachricht von der Besetzung des Sudetenlandes und der deutschen Judenverfolgung erreichen. Das ganze Grauen dieser Zeit, auch die Erfahrung der bürokratischen Ämterhöllen des Exils, gehen in seinen neuen Roman ein.

Vom Untergang der Republik Österreich handelt das *Cella*-Fragment, der *Versuch eines Romans*. Dessen zweites Buch, *Das Brot der Fremde*, wird nie geschrieben, weil sich die historischen Ereignisse überstürzen und weil man, «öfter als die Schuhe die Länder wechselnd» (Bertolt Brecht), ohnehin nicht mehr weiß, wohin die Reise noch führt. Schon das Erzählen der Agonie der österreichischen Schrumpfrepublik, deren wechselvolle zwanzigjährige Geschichte den größten Teil des eigenen Werks begleitet hat, bereitet dem Dichter Schwierigkeiten. Nichts sei künstlerisch schwerer zu gestalten, schreibt er im Spätwinter 1939 an den Freund Ernst Polak, *als was einem auf den Fingern brennt! Untergang der eigenen Welt und Exil! Kann man ein Bildhauer in feurig-flüssiger Lava sein? Wie leicht haben's mir die guten und sehr entfernten Armenier gemacht.*[390] Die wirklich gelungenen Versuche, aus der Perspektive der Fremde das Bild der Heimat authentisch zu gestalten, lassen sich an einer Hand abzählen. «Das siebte Kreuz» der von Werfel hochgeschätzten Erzählerin Anna Seghers und *Cella oder Die Überwinder*, zwei Heimatromane im besten Sinne, gehören zweifellos dazu.

Tatsächlich erfüllt das Fragment alle Ansprüche dieser Form. Äußerst gelungen ist die Vermittlung von Natur und Gesellschaft, Landschaftsbild und Mentalität in jenen Romanpassagen, die im Burgenland spielen. Dieses östlichste, erst 1921 von Ungarn an Österreich abgetretene Bundesland hat Werfel oft besucht. In einem Notizbuch aus den frühen dreißiger Jahren, *als alles für mich noch gut war und ich noch keine schweren Wunden trug*[391], finden sich Eintragungen über den geliebten Neusiedlersee. Impressionen wie die Schilfinseln, die Rohrdommeln und Edelreiher, die Bauernboote und noch der Fährmann, der abergläubisch auf den Obolus spuckt, haben die schönsten Landschaftsgedichte Werfels inspiriert. An die Grenze des Abendlands führt die erste Strophe von *Der Neusiedlersee*:

> *Der geschmolzenen Flut unbeweglicher Spiegel*
> *Wird von dem flachen, dem tropischen Tiegel*
> *Wie ein Luftgebilde umfaßt.*
> *Weit lagert am Fluß der bühligen Treppe*
> *Im schleppenden Tag die wäßrige Steppe,*
> *Als Österreichs seltsamer Gast.*[392]

Lange vor dem im Roman beschriebenen Pogrom an den burgenländischen Juden hat sich Werfel für deren Geschichte interessiert. Darauf, daß die Gemeinde Eisenstadts, der Hauptstadt des Burgenlandes, bereits im Hochmittelalter dort ansässig war, verweist voller Stolz, aber auch schon voller Angst der Protagonist des Romans, der jüdische Anwalt Hans Bodenheim, dessen Nachname diese Verwurzelung festhält. *Im Burgenland, das meine Heimat ist, gibt es viele Kirchen, Kapellen und zahllose Bildstöcke, vor denen das fromme Volk sich bekreuzigt. Außerdem gibt's auch eine ganze Menge brauner Zigeuner in unserm Burgenland. Sie stammen noch aus der ungarischen Zeit. Wir, das heißt die Unsrigen, gehören weder zu den braunen Zigeunern, noch auch zum frommen Volke, das sich vor Kirch' und Bildstock bekreuzigt. Dennoch leben wir schon ebensolange im Lande wie die andern, wenn nicht länger, denn wir sind schon hier gewesen, als die Türken herrschten und die räuberischen Kumanen einbrachen. So kann man's wenigstens in den historischen Büchern lesen. Früher dachte kein Mensch daran, von dieser Bodenständigkeit viel Aufhebens zu machen. Jetzt ist das anders geworden. Seit den Unglücksjahren in Deutschland.*[393]

Bei dem Eisenstädter Kunstsammler und Weinhändler Sandor Wolf, der im Roman als Baron Jacques Emanuel Edler von Weil auftritt, hat Werfel sich das Material zur Geschichte der burgenländischen Juden verschafft. Wolfs Studie über die jüdischen Gräber des Eisenstädter Friedhofs[394] liefern den Schlüssel zu zahlreichen Details des Romans. In einer Arbeit über *Cella* bestätigt Dietmar Grieser, wie genau Werfel, auch wenn er verdichtet, dazuerfindet oder wegstreicht, der Wirklichkeit treu geblieben ist.[395] Das gilt für die akribischen Ortsbeschreibungen ebenso wie für die Figuren. Dabei gibt es freilich bezeichnende Abweichungen. Der Rabbiner von Parndorf zum Beispiel, Aladar Fürst, in Wirklichkeit Direktor des jüdischen Gymnasiums in Budapest, ist keineswegs den Märtyrertod gestorben, sondern konnte nach Jerusalem flüchten, wo er durch den ebenfalls entkommenen Sandor Wolf von seinem grausamen Ende in Werfels Erzählung erfährt. In einem Brief vom Sommer 1943 berichtet er dem Schriftsteller vom «traurigen Schicksal der burgenländischen Juden, jener alten Mischung von Ost- und Westjudentum»[396].

Hans Bodenheim, der mit Tapferkeitsmedaillen ausgezeichnete ehemalige Oberleutnant der k.u.k. Armee, der dem Kaiser persönlich eine Siegesmeldung überbringen durfte, gehört zu den letzten Repräsentanten dieses Typus. Tragikomische Züge sind ihm nicht abzusprechen. Gretl, seine nichtjüdische Frau, moniert erstaunt das unerschütterliche Vertrauen ihres Gatten in den Bestand des Vaterlandes: *...deinesgleichen sollte doch mehr Instinkt für Gefahren haben als unsereins.*[397]

Cella oder Die Überwinder ist, so paradox es klingen mag, ein jüdischer Heimatroman. Gerade hierin liegt seine Tragik. Der Jude Hans Bodenheim ist der letzte Österreicher, der noch an Österreich glaubt. Alle ande-

Auf der Flucht: Lateiner (Guido Wieland) und Bodenheim (Bruno Dallansky). Aus dem Fernsehfilm «Cella oder die Überwinder», 1978

ren maßgeblichen Figuren wissen, was die Stunde geschlagen hat, resignieren, bereiten ihre Flucht vor, warten stoisch auf den Untergang oder ändern ganz plötzlich ihren politischen Standort. Noch vor den SS-Schergen behauptet Werfels jüdischer Don Quijote sein Heimatrecht, das vom Haßausbruch des Parteifunktionärs ungewollt bestätigt wird: *Also die Habsburger, also die Judenkaiser, die schon seit Jahrhunderten die Ostmark versaut hatten... Mit denen sollte der Wille des Führers und die Siegesbahn unseres Volkes durchkreuzt werden... Und alle jüdischen Schweine und marxistischen Untermenschen und Trottelgrafen und geilen Pfaffen und Kerzelweiber und Salonlöwen und Wackelgreise und Intellektsbestien, alle, alle waren sie eingeschworen auf Habsburg, auf die Könige in Juda...*[398]

Im Gefängnis trifft Bodenheim den Pater Ottokar Felix, der in Parndorf, im nördlichen Burgenland, seine Pfarre innegehabt hat. Ohnehin verdächtig durch die Parteinahme für die sozialistischen Arbeiter, sitzt er dort, weil er mit den verfolgten burgenländischen Juden eine Ökumene des Leidens eingegangen ist. Seine Geschichte, die er den übrigen Häftlingen erzählt, gehört zur gelungensten Prosa in Werfels Werk. Der Autor hat sie später umgearbeitet und unter dem Titel *Die wahre Geschichte*

115

vom wiederhergestellten Kreuz 1942 im amerikanischen Exil erscheinen lassen. Erzählt wird vom Parndorfer Rabbi und der Vertreibung der jüdischen Gemeinde.

Aladar Fürst, Doktor der Philosophie und der Rechte, gehört wie sein Freund und Kollege, der Kaplan Felix, zu den Mittlerfiguren im Werk Werfels. Auch der Rabbi vertritt die bereits von den Humanisten und später durch Pascal gelehrte Theorie der Zusammengehörigkeit von Kirche und Synagoge. Israel ist der *einzige reale fleischliche Zeuge der göttlichen Offenbarung*[399], verkündet er. *Wenn Sie aber die Saujuden so gern haben, können Sie ihnen gleich Gesellschaft leisten*[400], fordert ein Nazi den Kaplan auf, nachdem die Parndorfer Juden zur Abschiebung auf Lastwagen verladen worden sind. Ottokar Felix aber springt wirklich auf, *ohne zu wissen, wie dieser lebensgefährliche Entschluß über ihn gekommen war*[401]. Am grausamen Schluß der Erzählung wiederholt, in einem noch gefährlicheren, tödlichen Entschluß, der Rabbi die Tat des Paters. *Ich gebe dir die Ehre, Saujud, das Hoheitszeichen der germanischen Rasse mit deinem dreckigen Maul zu küssen*[402], grölt der Parteigenosse Peter Schorch und hält Aladar Fürst ein hölzernes Hakenkreuz entgegen. *Aladar Fürst handelte mit halbgeschlossenen Augen, wie in einem fernen Traum verloren und durchaus nicht mit raschen, sondern mit nachdenklichen Bewegungen. Er knickte eins nach dem andern die nur lose angenagelten Seitenbrettchen ab, die aus dem Kreuz ein Hakenkreuz machten. Da aber das Kreuz schon sehr von Wind und Wetter zermürbt war, brach bei dem Knicken das eine Ende des verfaulten Querholzes mit ab, wodurch es sich zeigte, daß das rückverwandelte Kreuz Schaden genommen hatte und nicht mehr dasselbe war wie früher. Totenstille herrschte. Niemand hinderte den Verlorenen an der langsamen Vernichtung des triumphierenden Symbols.*[403]

Der symbolische Akt Aladar Fürsts verleiht dem kommenden jüdischen und dem zurückerwarteten christlichen Messias die gleichen Leidenszüge. Das geschichtliche Leiden der verfolgten Juden und die Auferstehung des Gekreuzigten gehören zusammen. Die Wiederherstellung des Kreuzes, in dessen beiden Balken sich *die irdische Horizontale und die überirdische Vertikale*[404] an einem gemeinsamen Punkt berühren, stellt für einen sekundenlangen Augenblick die Einheit jenes Ursprungs der Offenbarung wieder her, der auch Werfels Ziel ist.

Eine Reihe von Aufsätzen, allesamt Erinnerungen an die österreichische Heimat und an die jüdische Tradition, entstehen noch im letzten Drittel des schlimmen Jahres 1938. Werfel gedenkt keineswegs, sich aus dem antifaschistischen Kampf herauszuhalten. Mit Joseph Roth realisiert er die Errichtung eines österreichischen Vereins für kulturelle Belange, die «Liga für das geistige Österreich». Den Vorsitz des P.E.N.-Clubs übernimmt er, *um Werte des österreichischen Schrifttums nicht zerbröckeln zu lassen ... und es sei gegenwärtig eine Pflicht, allen jenen zu helfen, die in das Unglück gekommen sind*[405].

Franz Werfel

Wieder die neue Teufelei! Prag von den Boches besetzt! Nachdem am 15. März 1939 die Okkupation der Tschechoslowakei durchgeführt worden ist und Hitler am nächsten Tag den Erlaß über das Protektorat Böhmen und Mähren verkündet hat, befindet sich bald die ganze Familie Werfel im Exil. Im Haus von Marianne und Ferdinand Rieser in Rüschlikon kommt es zu einem großen Treffen. Nur unter großer Gefahr ist Hanna die Flucht geglückt. Ihr Bericht über die erlebten Brutalitäten bestärkt Werfel in seinem Glauben an einen Atavismus sondergleichen, eine Wiederkehr der Dämonen in den Nazis. Als er in Sanary, vor dem «Café de la Plage», mit Arnold Zweig, Feuchtwanger, Heinrich Mann und Robert Neumann das Geheul Hitlers aus dem Radio hört, sagt er nach langem Schweigen: *Das ist der Teufel.*[406] In dem Roman *Der veruntreute Himmel*, der Mitte 1939 entsteht, nimmt das Thema von der Wiederkehr der Dämonen einen großen Raum ein.

Von der Sonnenfinsternis, «die unsere Welt, den holdvertrauten Wohnort, in einen wildfremden Raum verwandelte, darin Larven starren»[407], erzählt Adalbert Stifter. Plötzlich aber kehrt die Sonne zurück. Das «bleifarbene Lichtgrauen» verschwindet, und «die Dinge werfen wieder Schatten».[408] An diesen Bericht erinnert sich Theo, der Erzähler des Romans vom *Veruntreuten Himmel*, gleich auf den ersten Seiten. Der beständige Gast des in den Salzkammergut-Bergen gelegenen Besitzes der Familie Argan, eine kaum verdeckte Selbstgestaltung, verlebt dort seine glücklichste und kreativste Zeit. Grafenegg ist das geographisch ein wenig verlagerte Breitenstein. Gleich der erste Satz des Romans, *Ich habe Teta gekannt*, ruft das wirkliche Modell der Protagonistin ins Gedächtnis zurück. Anezka Hvizdová oder, wie Alma schreibt, Agnes Huizd hieß die böhmische Köchin, die 25 Jahre, «also schon zu Gustav Mahlers Lebzeiten in meinem Haus gewesen war»[409]. Auch Tetas Zitterspiel, der Kettenhund Wolf – geschworener Feind aller Briefträger – sowie die Figur des hilfreichen Priesters sind durchaus authentisch. Als Alma sich im Sommer 1938 in Paris an die Köchin erinnert, bekommt ihr Mann «glühende Augen, wie ich sie so liebe», und verkündet: *Die Sache werde ich schreiben.*[410]

Die Magd Teta Linek glaubt, sich einen Platz im Himmel dadurch erkaufen zu können, daß sie aus ihrem Neffen einen Priester macht. Nach Jahren aber entpuppt sich der Neffe als Schwindler, der das Geld des *Tantchens* durchgebracht hat. Auf einer Pilgerfahrt nach Rom vollzieht sich mit der Erkenntnis, nur gezahlt und nicht geliebt zu haben, die entscheidende Wandlung Tetas. Darin, daß Werfel, mit der Geschichte der Magd längst vertraut, erst im Exil schlagartig die parabolische Dimension dieses Schicksals erkennt, zeigt sich ein aufschlußreiches Beziehungsnetz von Geschichtserfahrung und künstlerischem Einfall. *Nicht wir finden die wirklichen Stoffe ... sie finden uns*[471], erkennt demgemäß im Buch der Erzähler. Der veruntreute Himmel und die verlorene Heimat verhalten sich wie Ursache und Wirkung zueinander. Hinter der für Teta Linek gestellten, entscheidenden Frage *Ist sie wirklich nur um den Himmel geprellt worden und nicht auch noch um die Erde?*[412], verbirgt sich Werfels Diagnose einer Epoche, die mit dem Verlust von Transzendenz zugleich den Sinngehalt des Lebens und dessen ethische Begründung preisgegeben hat. *Unsere Seelen wollen nicht mehr an ihre Unzerstörbarkeit glauben und damit an ihre ewige Verantwortung.*[413]

Die *Sintflut ... das bleifarbene Lichtgrauen der geistigen und seelischen Finsternis*[414], kündigt sich auch in der Idylle von Grafenegg an. Zur Beerdigung Philipps, des verunglückten Sohns von Leopold und Lydia Argan, kommen die politisch längst gleichgeschalteten Bekannten und Freunde zum letztenmal. Der ein Jahr später erfolgende Anschluß Österreichs kündigt sich an. Wie Teta Linek mit ihrem Neffen, dem angeblichen Priester, auf den falschen Heilsbringer setzt, so verschreibt sich die schon fanatisierte Bevölkerung mehr und mehr der braunen Barbarei. *Beim Teufel haben Sie Ihre Seligkeit eingekauft*[415], klärt Mascha, Mojmir Lineks Gefährtin, die Tante auf, nachdem diese den betrügerischen Neffen endlich gefunden hat. Maschas Ausruf gilt auch für den Zeitgeist, dessen *neue Sonne* den Untergang der Heimat ankündigt. Werfel bleibt durchaus im zitierten Bild Stifters, wenn er das Klima vor dem Anschluß beschreibt: *Der Meltau der politischen Entwicklung hatte sich auf alle menschlichen Beziehungen gelegt... Die Heliotropie des menschlichen Opportunismus trat in ihr Recht. Die Tüchtigen wandten ihre Köpfe der neuen Sonne zu, wenngleich diese noch unterm Horizonte in einem fahlen Zwielicht stand.*[416] Schließlich häuft sich das Unglück. Die Tochter Doris wird im Herbst des Jahres 1936 Opfer einer in Wien grassierenden Epidemie. Sie erkrankt an Gehirnentzündung. Die entlassene Teta zieht zu ihrer Schwester nach Wien. Leopold Argan, eines der ersten Opfer, wird in ein Konzentrationslager gesteckt. Seine Frau verzweifelt vollends.

Dies alles gehört zur Rahmenhandlung des Romans, der hauptsächlich die Geschichte Tetas erzählt. Tetas Hybris, ihrem Zusammenbruch, ihrer Wandlung folgt am Ende ihr Tod, der archimedische Punkt der Handlung. Werfel hat auf die musikalische Grundstruktur des Romans hingewiesen.[417] Kompositionsprinzip sei die Fuge. Wie deren Bauprinzipien, die Intervallveränderungen, Durch- und Engführungen, Gegenbewegungen, lassen sich die zentralen Motive des Romans auf das Hauptthema, den *Tod und das Nachherige*[418], beziehen. Erst nachdem Tetas Absicht, sich durch Geld ewige Sicherheit einzukaufen, am Betrug des Neffen zerschellt, erkennt sie, daß die Äquivalenz von Glaube und Hoffnung nur die Liebe sein kann. Jetzt erst wird Teta zu einem ethischen und religiösen Modell.

Nach dem Hitler-Stalin-Pakt vom 23. August 1939 herrscht in Sanary größte Aufregung. Fast allen ist klar, was die Stunde geschlagen hat. Der deutsche Angriff auf Polen, der nun folgt, ist keine Überraschung mehr. Die französische Regierung befiehlt die Internierung von Deutschen und anderen Ausländern im Alter zwischen 17 und 50 Jahren. Der Exilort löst sich langsam auf. Schon im Juni hat sich Werfel in Cagnes-sur-Mer mit Hasenclever und Haas getroffen, um sich zu verabschieden. «Gott segne Dich, Willy Haas, sagte Werfel schnell, umarmte mich, wie wir es gewohnt waren, und drückte meine Hand. Ich fühlte etwas in meiner Hand rascheln. Es war ein Tausendfranc-Schein.»[419] Es ist das letzte Zusammensein der Freunde. Haas kommt erst nach dem Krieg aus Indien zurück. Walter Hasenclever wird im Mai 1940 im berüchtigten Lager Les Milles interniert. Als er das Herannahen der deutschen Truppen hört, nimmt er Veronal. Am 21. Juni 1940 stirbt er. Werfel meldet Haas nach Indien: *Der arme Walter ist tot. Und viele andre mit ihm. Wir sind eine doppelte Kanonenfutter-Generation.*[420]

Im September häufen sich die bürokratischen Schikanen. *Alle, die Deutsch sprechen, gelten entweder für Kommunisten oder Nazis.* Obwohl die Papiere des tschechischen Staatsbürgers in Ordnung sind, wird Werfel bei den nun sich häufenden Vernehmungen manchmal fast ohnmächtig. Sein gesundheitlicher Zustand ist weiterhin bedenklich. *Ich habe ununterbrochen eine Tension zwischen 200 und 220. Trotz der wüstesten Medikamentenfresserei ändert sich das nicht. Ich fühle mich oft elend*, schreibt er aus Paris dem Prager Freund Ernst Polak.[421] Alma diagnostiziert: «Die Emigration ist eine schwere Krankheit.» Dennoch gelingt es ihm, eine seiner besten Erzählungen zu vollenden, *eine recht zweischneidige Liebes- und Ehegeschichte*, deren Titel *Eine blaßblaue Frauenschrift* lautet.

Depression über Österreich. Stürmisches Wetter im Anzug. So lautet der Wetterbericht am Ende des 1941 in Buenos Aires erschienen kleinen Ro-

Leonidas (Friedrich von Thun) und Amelie (Krystina Janda)
in Axel Cortis Verfilmung von «Eine blaßblaue Frauenschrift», 1986

mans *Eine blaßblaue Frauenschrift*. Die Meldung bezieht sich auf das letzte Drittel des Oktober 1936. Der Brief, den Leonidas am Morgen seines 50. Geburtstags erhält, ist am 7. Oktober abgeschickt worden. Am selben Tag sollen sich die verfeindeten Heimwehrführer Emil Fey und Fürst Rüdiger von Starhemberg zum Duell gefordert haben. So anachronistisch wie dieses unausgeführt gebliebene Vorhaben präsentiert sich der ganze katholische Ständestaat. Knapp drei Monate vor Beginn der Handlung lag das prekäre Abkommen zwischen Österreich und Hitler-Deutschland. Zu seinen konkreten Konsequenzen gehörte eine «Reihe von Einzelmaßnahmen als Voraussetzung für die Entspannung». Genau diese Einzelmaßnahmen bilden den gesellschaftspolitischen Hintergrund des im Roman geschilderten Geschehens einer forcierten antisemitischen Ausgrenzungspraxis. In Almas Erinnerungen steht bereits im Sommer 1935 die Eintragung: «Antisemitismus wurde unter dem Tisch betrieben, und als ich unseren Unterrichtsminister Pernter deshalb interpellierte, antwortete er mir: ‹Um den Nazis den Wind aus den Segeln zu nehmen.›»[422] Diese Sentenz findet sich wörtlich auch im Roman, ausgesprochen von einem klatschsüchtigen Vertrauensmann der Universität beim Unterrichtsministerium: *Wie an einem Barometer konnte man an seinem Gesicht die Schwankungen des politischen Wetters ablesen. Auf welche Seite er sich neigte, dort war zuversichtlich die Macht von morgen.*[423]

Bei Werfels Helden Leonidas wird sowohl die ungeheure Präsenz als auch die Genealogie dieser Macht überdeutlich. Von der ehemaligen Geliebten, der zur Doktorin der Philosophie promovierten Jüdin Vera Wormser, in seinem Selbstwertgefühl getroffen, erscheint in seinen Gedanken der unverhohlene Haß: *Also da wäre er wieder, der alte Hochmut dieser Leute, die empörende Überheblichkeit. Selbst dann, wenn man sie in den Keller gesperrt hat, tun sie so, als würden sie vom siebenten Stockwerk auf uns herunterblicken. Gewachsen sind ihnen wirklich nur die primitiven Barbaren, die mit ihnen nicht diskutieren, sondern sie ohne viel Federlesens niederknüppeln.*[424]

Vor dieser die Agonie des österreichischen Ständestaats bezeichnenden Mischung aus Ressentiment, Devotheit und Verschlagenheit vollzieht sich die Romanhandlung. Der Frack eines jüdischen Studenten, der, wie der ehemalige Prager Piaristenschüler Max Steiner oder der Wiener Wagnerianer Otto Weininger, wegen *philosophischem Weltschmerz* Selbstmord verübt hat, wird, mit einigen kleinen Korrekturen, zum Karrierevehikel des Helden. Leonidas, zuerst ein *Niemand, ohne Familie, ohne Namen, nein ärger mit einem aufgeblasenen Vornamen behaftet*[425], ist der Oberflächenmensch par excellence. Zur *providentiellen Geltung* des von Werfel verabscheuten bürgerlichen Kleidungsstücks gehört auch die Heirat mit der reichsten Erbin der Stadt, Amelie Paradini.

Durch den Bittbrief der fast zwanzig Jahre zuvor verratenen Geliebten Vera erst gerät die Lebenslüge ins Wanken. Angezogen vom unterdrückten Schuldbewußtsein hat den allseits Gesicherten die Wahrheit doch eingeholt[426]. Wie schon beim Abituriententag verzahnen sich poetische und juridische Sprache, artikuliert sich der um Schuld, Verdrängung, Erkenntnis und erneuten Verrat kreisende Stoff in der Metaphorik des Gerichtshofs. Leonidas fängt an, die pedantisch übertünchten Spuren seiner Verschuldung wieder zu entdecken. Im Ermittlungsverfahren gegen sich selbst verändert sich seine Wirklichkeitswahrnehmung. Dabei ist es einzig die Tatsache, daß die Schuld sichtbar geworden ist, daß aus der Tiefe der Vergangenheit ein Kind, ein Sohn an die Oberfläche der Existenz getreten ist, die das Sicherheitsgefühl seines Beamtendaseins für kurze Zeit vertreibt. Ein Zentralmotiv Werfels, die Dialektik von Schuld und Verantwortung, taucht erneut auf. Das Kind, gemutmaßtes Resultat *seines einzigen echten Liebesrausches im Leben*[427], ist die äußerste Durchbrechung jenes monotonen Daseins, das Leonidas selbst *ewige Wiederkehr des gleichen* genannt hat. In der Erkenntnis eines ethischen Gesetzes, das sich zugleich als anthropologische Tatsache erweist, gelingt dem Protagonisten ein einziges Mal die Aufhebung seiner egoistischen Weltsicht: *Ein Kind haben, das ist keine geringe Sache. Erst durch ein Kind ist der Mensch unrettbar in die Welt verflochten, in die gnadenlose Kette der Verursachungen und Folgen. Man ist haftbar. Man gibt nicht nur das Leben weiter, sondern den Tod, die Lüge, den Schmerz, die Schuld. Die Schuld vor allem!*[428]

Nur für eine kurze Zeit gerät Leonidas' Bürokratie des Unterbewußtseins ins Wanken. Am Schluß wird sein lebensphilosophisches Axiom wieder zurechtgerückt: *Man verursacht Schicksale. Man legt sie ad acta. Sie wandern vom Schreibtisch des Lebens ins Archiv des Erledigtseins. Mit der Zeit löst sich Gott sei Dank alles klaglos in Nichts auf.*[429] Montevideo heißt dieses Nichts für die Emigrantin Vera. Im Herbst 1936, zur Zeit der Romanhandlung, erreichte die jüdische Auswanderung nach Übersee ihren bisherigen Höhepunkt. Auf Leonidas' albernen Ausruf: *...das ist ja entsetzlich weit*, antwortet Vera mit der zur Grundformel der Heimatlosigkeit gewordenen *melancholischen Scherzfrage der Exilierten*: «Weit von wo?»

Franz Werfel hält sich in Paris auf, als am 10. Mai 1940 Rotterdam nach einem Luftangriff kapituliert. Der Westfeldzug der Nazi-Truppen hat begonnen. Um 5 Uhr früh erlebt er erstmals eine Bombenalarmprobe, betritt mit Alma «einen stinkenden Keller ... alle Leute in zerwühlten Nachthemden und zerrauft»[430]. Der mit Jules Romains abgesprochene Plan einiger antifaschistischer Rundfunkansprachen wird fallengelassen. Jetzt beginnt die eigentliche Flucht. Werfel weiß, daß er auf der Todesliste der Gestapo einen prominenten Platz einnimmt. In Vichy sieht er zum letztenmal seinen Vater. In Sanary wird nach der Kapitulation Belgiens in aller Eile gepackt. Das vom Ministère de la Défense Nationale ausgestellte Sauf-Conduit muß nach jeweils vier Wochen verlängert werden.

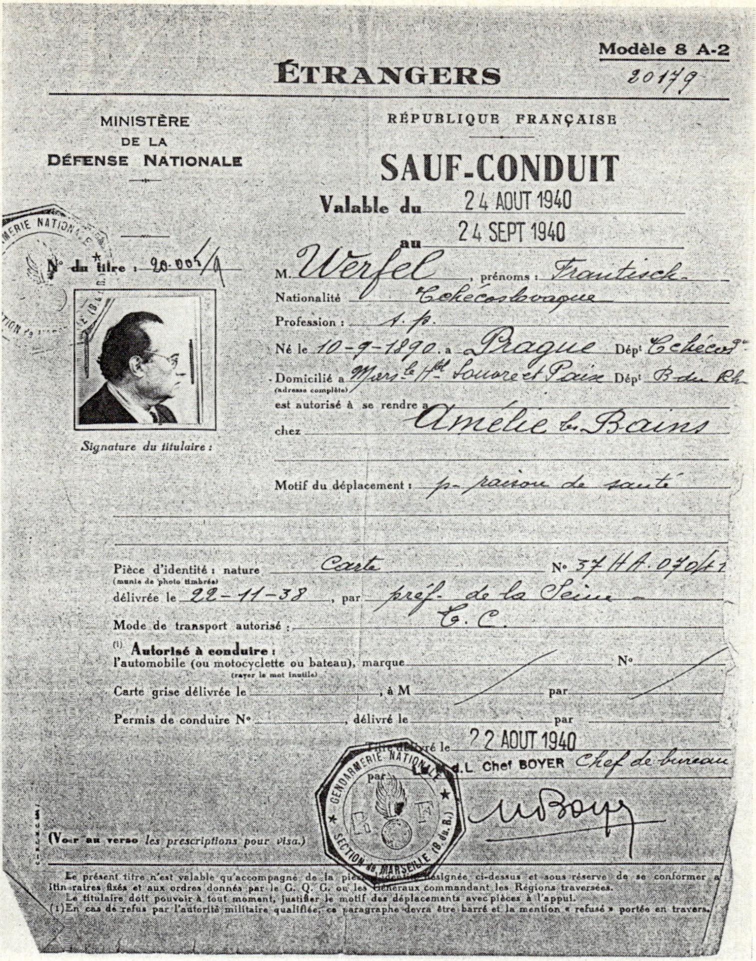

Modèle 8 A-2

ÉTRANGERS 20179

MINISTÈRE DE LA DÉFENSE NATIONALE

RÉPUBLIQUE FRANÇAISE

SAUF-CONDUIT

Valable du 24 AOUT 1940

au 24 SEPT 1940

N° du titre : 20.005/1

M. Werfel, prénoms : Frantisek

Nationalité Tchécoslovaque

Profession : s. p.

Né le 10-9-1890 à Prague Dépt Tchécos

Domicilié à Mars. Ht Louvre et Paix Dépt B-du-Rh
(adresse complète)

est autorisé à se rendre à

chez Amélie-les-Bains

Signature du titulaire :

Motif du déplacement : p. raison de santé

Pièce d'identité : nature Carte N° 37 HA 070/41
(munie de photo timbrée)

délivrée le 22-11-38, par préf. de la Seine

Mode de transport autorisé : C. C.

(1) Autorisé à conduire :
l'automobile (ou motocyclette ou bateau), marque N°
(rayer le mot inutile)

Carte grise délivrée le , à M par

Permis de conduire N° , délivré le par

Titre délivré le 22 AOUT 1940

par d.L Chef BOYER Chef de bureau

GENDARMERIE NATIONALE SECTION DE MARSEILLE (B. du R.)

(Voir au verso les prescriptions pour visa.)

Le présent titre n'est valable qu'accompagné de la pièce d'identité désignée ci-dessus et sous réserve de se conformer aux itinéraires fixés et aux ordres donnés par le G. Q. G. ou les Généraux commandant les Régions traversées.
Le titulaire doit pouvoir à tout moment, justifier le motif des déplacements avec pièces à l'appui.
(1) En cas de refus par l'autorité militaire qualifiée, ce paragraphe devra être barré et la mention « refusé » portée en travers.

Passierschein, gültig für einen Monat

Die Gefahr, wie Hasenclever, Feuchtwanger, Koestler und viele andere in den dünnen Baracken eines jener von Stacheldraht umgebenen südfranzösischen Internierungslager verschleppt zu werden, wächst mit jedem Tag. Nur ein Visum für einen Staat in Übersee, dazu noch das Transitvisum für Spanien und Portugal gewähren einige Sicherheit. Immerhin hat die Universität von Texas Werfel eine Professur in Aussicht gestellt.

Als nach einer kampflosen Besetzung am 14. Juni auf der Place de la Concorde die monströse Hakenkreuzfahne der Nazis gehißt wird und *der*

Triumph des Weltfeindes für alle Zeiten gesichert[431] scheint, schneidet sich in seinem Hotel der Dichter Ernst Weiss, den Werfel einst im Café «Arco» kennengelernt hat, die Pulsadern auf. In einem Brief an Willy Haas teilt Werfel dem Freund die Selbstmorde von Weiss und von Walter Benjamin mit. *Wie mir nachts ums Herz ist, kannst Du Dir denken.*[432]

Nun, als sich der Süden des Landes mit Hunderttausenden von Flüchtlingen aus dem besetzten Gebiet, den lothringischen, elsässischen und Mosel-Départements zu füllen beginnt, zahllose Waggons, Camions, Pferdewagen und Ochsenkarren über die Loire, die Garonne bis zur Rhône herabziehen, fängt auch für Alma und Franz Werfel die gefährlichste Etappe der Flucht an. Werfel erinnert sich: *Die Millionen dieser seltsamen Völkerwanderung irrten auf den Landstraßen umher und verstopften die Städte und Dörfer: Franzosen, Belgier, Holländer, Polen, Tschechen, Österreicher, exilierte Deutsche und dazwischen die Soldaten der geschlagenen Armeen. Nur höchst notdürftig konnte man seinen Hunger stillen. Obdach gab es überhaupt keines mehr.*[433]

Todmüde, verzweifelt und ohne Hoffnung kommen sie am 27. Juni 1940 in der Pyrenäenstadt Lourdes an. Das nach langem Suchen gefundene Zimmer, «so groß wie ein WC»[434], ist wenigstens vorläufig ein sicherer Ort. Später finden sie im Hotel «Vatican» eine bessere Unterkunft. Gleich nach der Ankunft betritt Werfel eines von den zahllosen mit Heiligenbildern, Rosenkränzen, Figuren und erbaulichen Schriften überladenen Lädchen. Walter Mehring und Hertha Pauli treffen ihn dort. Er ist gerade dabei, ein Buch über die Müllerstochter Bernadette Soubirous und das Wunder von Lourdes zu kaufen. Tatsächlich studiert Werfel die Geschichte des Mädchens, liest in den Archiven der Stadt Quellen, Dokumentationen, Gutachten und sonstige Literatur über das Wunder, zieht mit Alma zur Grotte Massabielle, beobachtet dort genau die Pilger und trinkt selbst von dem heiligen Quellwasser. Sein dort abgelegtes Gelöbnis, nach einer geglückten Flucht ein Buch über Bernadette zu schreiben, wird er nach der Ankunft in Amerika unverzüglich erfüllen.

Endlich, am 3. August, erhalten sie die notwendigen Papiere, um nach Marseille reisen zu dürfen. Das letzte Problem ist der Grenzübertritt nach Spanien. Der Plan, Werfel als entlassenen Soldaten zu tarnen, um ihn nach Casablanca einschiffen zu können, wird auf Grund seines unmilitärischen Äußeren ebenso fallengelassen wie die Maskerade als Mönch. Varian Fry, von Werfel *Fryschärler* genannt, der Gründer des amerikanischen Hilfskomitees «Emergency Rescue Committee», organisiert die Flucht. Bei Sonnenaufgang fährt am 12. September 1940 eine kleine Gruppe, bestehend aus Nelly und Heinrich Mann, Golo Mann, Alma und Franz Werfel sowie den beiden amerikanischen Menschenschmugglern Dick Ball und Varian Fry, mit der Eisenbahn von Marseille nach Cerbère. Über einen steilen Ziegenpfad führt der Weg zur Grenzstation Port-Bou. Werfel wirft einen Blick auf den Berg, stöhnt auf und gibt mit dem Hinweis auf das Datum – es ist Freitag, der Dreizehnte – zu bedenken: *Heute ist ein Unglückstag... Sollten wir nicht lieber bis morgen warten?*[435] Die Flucht gelingt trotz Werfels Schwäche und Heinrich Manns nicht gerade jugendlicher Konstitution. Varian Fry beschreibt die Gruppe, die endlich, nachdem sie die spanischen Beamten mit amerikanischen Zigaretten bestochen hat, die Grenze überschreitet: «...ein dicker Mann und eine kräftige Frau, ein älterer Mann, der gebückt geht und leicht humpelt, eine blonde Frau mittleren Alters und ein junger Mann mit tiefschwarzem Haar.»[436]

Das vom Bürgerkrieg stark verwüstete Barcelona verlassen sie nach zwei Tagen mit dem Zug. Von Madrid fliegen sie nach Lissabon, verbringen im nahen Seebad Estoril zum erstenmal wieder eine ruhige Zeit. Lissabon selbst ist voll von Emigranten. Im Zentrum der Stadt, am Rossioplatz, hört man kaum noch ein portugiesisches Wort. Auch Friedrich Torberg, der von nun an bis zum Tod Werfels dessen engster Freund wird, wartet dort auf die Ausreise. Am 4. Oktober 1940 verlassen Alma und Franz Werfel mit der «Nea Hellas», einem großen griechischen Dampfer, der die von deutschen Torpedos bedrohte Überfahrt zum letztenmal macht, den europäischen Boden. Die Fahrt verläuft äußerst ruhig. Noch an Bord schreibt Werfel *knapp vor der Freiheitsstatue* den zurückgelasse-

New York

nen Eltern: *Hier dieses Schiff ist voll von Schicksalen, die das unsere noch weit an Schrecken übertreffen. Das Unglück ist so allgemein, daß man gar nicht klagen darf...*[437] Zu den Mitreisenden gehören Heinrich und Nelly Mann, Alfred Polgar und Friedrich Stampfer. Am Vormittag des 13. Oktober, *ja leider am 13.*, müssen die Passagiere erst das Zollgebäude von Hoboken, New Jersey, passieren, ehe sie an Land kommen. Als «köstliches Stück Wiener Kulturgeschichte» beschreibt ein Reporter die in einem schwarzen Pelz steckende Alma.[438] Im Gegensatz zu Feuchtwanger, der den Zeitungen sofort die genauesten Angaben der Fluchtwege aus Südfrankreich verrät, verhält sich Werfel schweigsam. *Es ist zu gefährlich, das zu beschreiben*[439], sagt er mit Rücksicht auf die Zurückgebliebenen in seinem ersten Interview. Überhaupt nähmen die Gerüchte überhand, nie habe er, wie gemeldet, in einem Konzentrationslager gesessen. *Ich glaube oft, die ganze Weltgeschichte besteht überhaupt nur aus falschen Gerüchten. Alles, was geschehen ist, ist ganz anders wahr, als es tatsächlich geschehen ist.*[440]

Auf dem Pier warten die Schwester Mizzi und Ferdinand Rieser. Bis zum 26. Dezember bleibt Werfel in New York, trifft dort seine Kaffeehaus-Bekannten Franz Blei, Hermann Broch und Anton Kuh, auch Alfred Döblin und George Grosz, mit dem er im großen Stil «eine Pulle franz. Champagner nach der anderen»[440] auf seine Befreiung leert. Ein weiterer Grund zur Freude ist der unerwartet große Erfolg der bereits mit 150 000 Exemplaren verkauften Übersetzung des *Veruntreuten Himmel*-Buchs. *Durch dieses Glück sind wir vorläufig aller Sorgen enthoben.*[441]

Mit dem Einzug in ein schönes Haus in Los Angeles, Los Tilos Road 6900, nahe der Highland Avenue, beginnt das Jahr 1941. Nach Paris, Sanary und Marseille ist Werfel nun an der letzten Station des Exils angekommen. Er ist begeistert von der Landschaft. Sofort nach der Ankunft macht Werfel auf eine sehr charakteristische Weise Bekanntschaft mit der *Weckglasatmosphäre* der kalifornischen Exilkolonie, wo sich Heinrich und Thomas Mann, Feuchtwanger, Brecht, Bruno Frank, Berthold Viertel, Max Reinhardt, Arnold Schönberg, Erich Maria Remarque und Ernst Deutsch aufhalten. «Indication» heißt ein Gesellschaftsspiel, mit dem sich die Emigranten, um nicht Tag und Nacht am Radio zu sitzen, die Zeit verkürzen. Man muß eine Sentenz oder ein Sprichwort darstellen. Ludwig Marcuse berichtet von dieser «hübsch ausgewachsenen Hysterie», in der sich Thomas Mann besonders hervortut. «Als Franz Werfel, noch verstört von der Flucht durch Frankreich, eines Tages ahnungslos hereinkam, trat ich gerade in die Hamlet-Sentenz: ‹Wie? Was? eine Ratte? Todt! Ich wett ein Goldstück, todt!› – als Ratte auf. Und flitzte besessen auf Händen und Knien durch das Zimmer. Meine Partei war ein Orkan von Lachen, die andere hochrot vor Nachdenken. Werfel erschrak sehr und stürzte zurück auf die Straße.»[442]

Anfang 1941 macht er sich an die Arbeit zu seinem Lourdes-Roman.

Im Mai 1941 berichtet er seiner Mutter nach Marseille: *Ich habe intensiv und ausdauernd gearbeitet wie selten.*[443] Tatsächlich hat er die erste Fassung des Romans, dessen Strukturierung längst durchdacht war, *in täglicher, stündlicher Selbstüberwindung*[444] schon im Frühsommer beendet. Genau einen Tag, nachdem er seiner Schwester diese freudige Botschaft mitgeteilt hat, beginnt der deutsche Angriff auf die UdSSR. Auch im neuen Exilland USA spitzt sich die Lage zu. Kurz vor dem Jahresende erfolgt der Angriff auf Pearl Harbor, und damit beginnt der Krieg gegen Japan, Deutschland und Italien. Vorher melden sich auch in den USA faschistische Stimmen, die auf eine Kooperation mit dem NS-Regime setzen. In einem Radio-Interview weist Werfel deshalb mit drastischen Worten darauf hin, daß Amerika dazu berufen sei, *die ewigen Werte, die christlichen Werte gegen den Blitzkrieg des Satan siegreich zu verteidigen*[445]. Warnend fügt er hinzu: *Die Bakterien fliegen auch hier in der Luft herum. So mancher ist von den europäischen Psychosen ergriffen, ohne es zu wissen, und wünscht heimlich den Sieg der Finsternis.*[446]

Wegen der Eltern ist Werfel in größter Aufregung. Er hat bis zuletzt versucht, sie aus der berüchtigten «Mausefalle» Marseille, wo inzwischen der nackte Hunger herrscht, herauszubekommen. Vergeblich warten die beiden alten Menschen dort auf die Erlaubnis, nach Portugal weiterreisen zu dürfen. Längst ist Rudolf Werfels Gesundheitszustand aussichtslos. Bereits im Schweizer Exil hat er versucht, sein Leben selbst zu beenden. Am 31. Juli 1941 stirbt er in Marseille.

Das Lied von Bernadette erscheint Ende des Jahres gleich in mehreren Sprachen. Schnell wird das Buch zum meistgelesenen Werk der deutschsprachigen Exilliteratur. *Diese Wirkung, eine seelische und geistige, die niemand erwartet, ist ein anderes Wunder von Lourdes, das ich in Demut und Freude annehme*[447], schreibt Werfel später der Schwester Hanna. Unter den Exilierten ist die Ansicht durchaus geteilt. Aus Tel Aviv meldet sich Leo Perutz, begeistert darüber, «daß dieses Buch ein Jude geschrieben hat, – so wie ich es für richtig hielte, wenn die epische Klage um das untergegangene europäische Judentum einen nichtjüdischen Gestalter fände»[448]. Chaim Weizmann, der Präsident der zionistischen Weltorganisation, urteilt: «...ein großes Buch!»[449] An kritischen Stimmen fehlt es aber keineswegs. Schon Werfels Erklärung im Vorwort, der Roman sei ein erfülltes Gelübde, erregt Verdruß. Daß er darüber hinaus noch auf der Wirklichkeit der «denkwürdigen Begebenheiten»[450] insistiert, wird ihm geradezu übelgenommen. Der Protestant Thomas Mann ärgert sich über Werfels «Liebäugeln mit Rom» und spricht, sich an Diskussionen mit Werfel erinnernd, von «den unglücklichen Augenblicken, wo dies alles aggressiv-polemisch vorstieß»[451]. Nie ist für Werfel der Glaube ein ästhetisches Prinzip, das, wie in Thomas Manns Josephs-Trilogie, mit ironischer Distanz gehandhabt wird. Auf die Frage, warum Werfel im Roman nicht klar gesagt habe, daß Bernadette sich die Erscheinung der Dame eingebildet habe, antwortet Werfel lakonisch: ...*ich weiß, daß sie mir geholfen hat, wo immer sie lebt.*[452]

Am 11. Februar 1858 erschien der vierzehnjährigen Müllerstochter Bernadette Soubirous in einer Felsgrotte eine schöne Dame. Das ereignete sich in Lourdes, direkt am Ufer des Gave. Bis zum 16. Juli 1858 kam es zu achtzehn derartigen Erscheinungen. Die Quelle, die in der Grotte entsprang, nachdem Bernadette ihren Schlamm getrunken und sich damit gewaschen hat, produzierte bald reich fließend das heilende Wasser. Das Mädchen nannte ihre geliebte Erscheinung zunächst im okzitanischen Dialekt ihrer Heimat «Aqueró». Das hieß soviel wie «das da». Dieser Grundformel des numinösen Staunens stand auf der extremen Gegenseite, in der ärztlichen Untersuchung, die kalte medizinische Bezeichnung «léobjet» gegenüber.[453] Im lebensweltlichen Zwischenraum dieser absoluten Polaritäten, zwischen kindlicher Gewißheit und szientifischer Indifferenz also, hat Werfel seine Romanfiguren angesiedelt. Diese aber geraten in eine ungeheure Dynamik. Gläubige entpuppen sich angesichts des Mirakels als Ungläubige, Zweifler und Atheisten werden von der marianischen Erscheinung bekehrt. Aus Kranken werden Geheilte, und Gesunde erkranken an jener Glaubensunfähigkeit, die bei Werfel stets eine Folge der Unfähigkeit zur Liebe bedeutet.

Ganz im Gegensatz zu Bernadettes Bildungslosigkeit, Offenheit, Wahrnehmungstiefe und Selbstlosigkeit steht die Provinz-Welt, in der sie lebt. Deren Selbstgefälligkeit zeigt sich in tausend Formen. Sie kulminiert im Café «Français», dessen atheistischer Inhaber Duran bestrebt ist, *geistiges Licht zu verbreiten*[454]. Deshalb gibt es in dem *Café Progrès* genannten gesellschaftlichen Zentrum der Stadt die revolutionären Blätter der Zeit, darunter auch *Le Lavedan*, die Lokalzeitung. Mit einer stark an Tolstojs Demaskierungstechnik erinnernden, äußerst komischen Überspitzung läßt Werfel die aufgeblähten Honoratioren der Stadt Revue passieren.

Auch Hyacinthe de Lafite, Dichter und Literat, dessen stilisiertes Äußeres wie eine Mischung aus Victor Hugo und Alfred de Musset anmutet, ist, was seine Eitelkeit betrifft, keine Ausnahme. Trotzdem erfüllt er die Funktion des unbestechlichen Analytikers, dessen Pathos der Distanz

Jennifer Jones in der Titelrolle des Hollywood-Films
«Das Lied von Bernadette», 1943

durchaus nietzscheanische Züge trägt. Seine Version vom Tod Gottes ist jedenfalls eine genaue Diagnose der kollektiven Wunderbereitschaft. *Ihr alle werdet mit den religiösen Illusionsresten nicht fertig. Das ist es! In unserem Jahrhundert aber sterben die Götter. Es erfordert einige Kraft, den Tod der Götter zu überstehen, ohne auf Götzen hereinzufallen. Schlimme Zeiten sind das meist, wie die Geschichte uns zeigt. Sehn Sie sich doch die Kirche an in der heutigen Welt... Das ist Christentum zu herabgesetzten Preisen ... das ist der große Ausverkauf Gottes. Und es kann ja gar nicht anders sein, da die Grundlage des Ganzen, die Mythologie, zusammengebrochen ist.*[455]

Alles gerät in Bewegung durch Bernadette. *Ein durch erwiesene, aber unerklärbare Heilungen dokumentiertes Wunder bedeutet einen so gewaltigen Einbruch in den offiziellen Deismus und inoffiziellen Nihilismus des Zeitalters, daß sowohl die Sicherheit des Unglaubens als auch die Unsicherheit des Glaubens ins Wanken gerät.*[456] Die einzige Person, die während der Umwandlung einer unbedeutenden Kleinstadt in den bekanntesten und kommerziellsten Wallfahrtsort der Welt mit sich selbst identisch bleibt, ist die Protagonistin des Romans. Als «muy niña», sehr kindlich, beschrieb die wirkliche Bernadette die Erscheinung und bezeichnete sich zugleich selbst mit dieser Antwort. In einem Interview vom Januar 1942 mit dem New Yorker «Aufbau» faßt Werfel die Grundfabel seines Romans in die Worte: *Das Buch ist die Geschichte des Kindes, das mehr als andere sieht.*[457] In einem Brief an Joachim Maaß betont er gerade das Moment der Verdienstlosigkeit seiner Protagonistin. *Ihr größtes Verdienst ist, daß sie ihren Augen traut... und sich nicht einreden läßt, daß sie verrückt ist.*[458] Noch deutlicher wird Werfel seinem alten Freund Ernst Polak gegenüber. Bernadette sei *die Ursprünglichkeit in Person, ein einfaches, beinah heidnisch unwissendes Wesen, das sieht, was die anderen nicht sehen... Bernadette hält ihre Vision für Fleisch und Blut wie ein Kind der homerischen Zeiten.*[459]

Das Symbol der Muttergöttin, das von der kirchlichen Theologie nie ganz ausgelöscht werden konnte, gehört für Werfel zum Zentrum des christlichen Glaubens schlechthin. Er hat an dem marianischen Charakter der Dame keinen Zweifel gelassen. Maria, in der Lauretanischen Litanei «die Pforte des Himmels» genannt, versinnbildlicht sich in der Kirche selbst, die stets in der Metaphorik des Weiblichen erscheint. Im Roman aber bezeichnet sich die Dame wie in Bernadettes tatsächlichem Bericht ausdrücklich als «Unbefleckte Empfängnis» und nicht, wie im Dogma unterstellt, als deren Frucht. Dieser Unterschied ist für Werfel äußerst signifikant. Wenn die Erscheinung die Unbefleckte Empfängnis ist, dann avanciert sie zu einer weiblichen Wirkkraft, die nicht Folge einer patriarchalischen Setzung, sondern selbst ewige Ursache ist. Die *neue Kraft*, die Bernadette kurz vor ihrem Tod verspürt und die sie hochzuheben scheint, artikuliert sich in *einer sehr vollen, vibrierenden Frauenstimme*. Die

Stimme der weiblichen Gottheit, die in ihr und aus ihr spricht, sagt in ihren letzten Worten: *J'aime... Ich liebe!*[460]

Kein Zweifel: die Unbefleckte Empfängnis erscheint in Werfels Roman als Göttin des Anfangs und als christliche Erlöserin zugleich. Anahita, die Makellose, heißt die semitische Muttergöttin, die im Akt der Urschöpfung aus den Wassern emporsteigt und als Göttin der Liebe die Züge der Ischtar annimmt. Als «Große Dame» und «Wohltäterin der Menschheit» begriffen sie die Armenier. Die Schlange, die erst in der jahwistisch-patriarchalischen Umdeutung dämonisiert wurde, ist, wie ihre Reinkarnation Maria, Symbol des ewigen Lebens, auf die sich auch die Metaphorik des geschlossenen Rosenkranzes bezieht. Maria, die «mütterliche Kraft des Weltalls», mit der Kraft der Gegensatzvereinigung, verbindet das Unten mit dem Oben, die *angespülten Knochen* mit den Sonnenstrahlen des Himmels. Die Schönheit der Dame *ist das geistige Leuchten selbst, das Schönheit heißt*[461].

Franz Werfels gesundheitlicher Zustand hat sich durch die ununterbrochene Arbeit am *Lied von Bernadette* zunehmend verschlechtert. Eine in Minneapolis beginnende Lecture-Tour *durch jungfräuliche Lande wie Texas, Missouri, Nebraska... alle drei Minuten ein kontraktlicher «laughter»*[462] kostet Lebenskraft. Ganze Nächte verbringt er in der Eisenbahn. Im Raucherabteil sitzend, bereitet er die Reden vor, macht sich Notizen zu dem geplanten utopischen Roman. Stundenlang läßt er sich bei einer solchen Fahrt, ohne sich zu erkennen zu geben, von dem berühmten Filmschauspieler Spencer Tracy dessen Leben erzählen. Erst vom Schaffner erfährt Tracy, wer mit ihm im Abteil saß. «Der sanfte, schüchterne, sich entschuldigende kleine Mann, der sich selbst ganz vergaß im Interesse für den anderen, war Franz Werfel... So erfuhr ich vom wahren Wesen der Bescheidenheit.»[463] In einem Zug von Missouri nach Texas träumt der Exilant *Eine Prager Ballade*. Mit Herrn Wávra, dem alten tschechischen Kutscher, der die Gäule peitscht, rast er plötzlich zurück nach Prag. Dort aber erwarten ihn die barbarischen Türhüter des Ostens. Ein Gedicht entsteht:

> *Herr Wávra, jetzt nach Haus! Die Eltern werden warten.*
> *Sie legen Patience mit abgegriffenen Karten.*
> *Nachhaus? Um Himmelswillen! Das Haus ist mir verwehrt.*
> *Die Nazis lauern längst im Küchengarten...*[464]

Nach dem japanischen Überfall auf die US-Flotte in Pearl Harbor am 7. Dezember 1941 verschlechtert sich die Situation der kalifornischen Emigranten. Vor ihren Häusern postieren sich FBI-Beamte. Der amerikanische Nationalismus blüht und überall werden Spitzel vermutet. Der Freitod Stefan Zweigs im Februar 1942 – *Entsetzlich! Er hat uns verzweifelte Briefe geschrieben, die ich leider nicht ernst genommen habe*[465] – wird zum Symbol einer mehr und mehr resignierenden Emigration.

Von den Einnahmen des Lourdes-Romans, eines «First National Best-

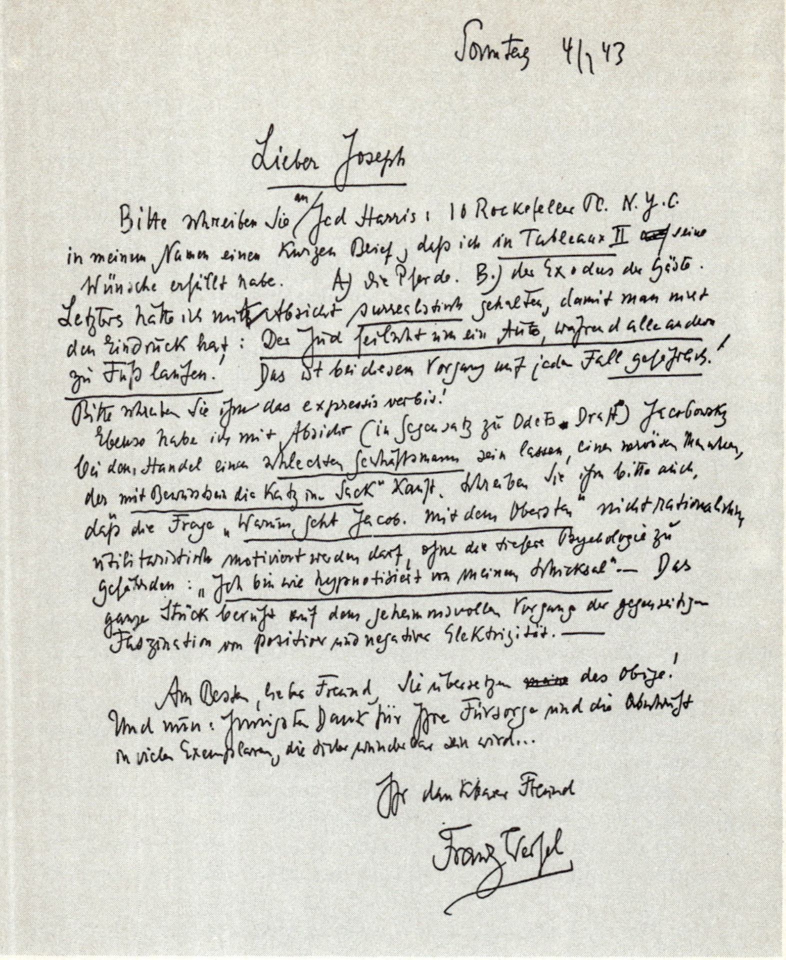

Sonntag 4/7 43

Lieber Joseph

[handschriftlicher Brief, teilweise unleserlich]

Ihr alter Freund

Franz Werfel

Brief an Albrecht Joseph über das «Jacobowsky»-Stück, 1943

sellers», erwirbt Werfel im September 1942 ein einstöckiges, von einem schönen Garten umgebenes Haus in Beverly Hills am North Bedford Drive, wiederum in der unmittelbaren Nachbarschaft einer Kirche, der Church of the Good Shepherd, wie schon in Venedig und Sanary. Oft arbeitet er in Santa Barbara, einem *reizenden Städtchen* direkt am pazifischen Ozean, in *einem entzückenden espagniolisierenden Hotel* mit Blick auf den Swimmingpool und die *schönsten Mädchen, die ich mit einem Auge anstaune, während mein andres Auge in Scheebens «Geheimnis der*

Prädestination» vertieft ist[466]. Hier, in Santa Barbara, entsteht das letzte und vielleicht populärste Theaterstück Werfels, die *Komödie einer Tragödie*, deren Witz am besten mit dem zur gleichen Zeit entstandenen Chaplin-Film «Der große Diktator» zu vergleichen ist. Mit *Jacobowsky und der Oberst* gelingt es Werfel, die historische Erfahrung des Exils in einem zeitenthobenen Gleichnis aufzubewahren. Nur Anna Seghers ist es in dem Roman «Transit» mit epischen Mitteln gelungen, jenem Zustand, in dem man nur noch ums bare Überleben kämpfte, eine solche parabolische Intensität zu verleihen. Die Aufführungsgeschichte des Stücks aber ist ein verdrußvolles Kapitel im Leben des mittlerweile schwerkranken Dichters. *Jacobowsky ist, wie alles in diesem Land, mehr oder minder eine commercial property, an der eine ganze Horde von Leuten beteiligt ist*[467], klagt er in einem Brief an Erwin Piscator.

Die Komödie gibt zunächst ein Panorama des Exils. Genau getroffen ist jener Galgenhumor, der allein es vermag, die alltäglich gewordene Lebensgefahr auszuhalten. Wendungen wie *der letzte Autobus vor dem Jüngsten Gericht* oder die Definition einer Carte d'Identité – *sie beweist … daß man … mit sich selbst identisch bleibt* – entstammen der Originalterminologie der Emigration. Die Voraussage, daß ein Vertriebener, auch wenn er am Leben bleibt und die finsteren Zeiten übersteht, für immer ein *Emigrant auf dem ganzen Planeten* bleibt, wird sich erst nach Werfels Tod für die meisten Betroffenen als richtig erweisen. Die Hauptfigur Jacobowsky ist ein ethisches Modell des Standhaltens und Überlebens

Der Oberst (Curd Jürgens) und Jacobowsky (Danny Kaye) auf der Flucht vor den Nazis. Szene aus der amerikanischen Verfilmung von Werfels Stück, 1958

in einer Zeit der äußersten Polarisierung in Henker und Opfer. Er selbst drückt dies mit der ihm eigenen Selbstlosigkeit so aus: *Sehn Sie, der einzige Vorsprung, den der Verfolgte auf der Welt hat, besteht darin, daß er nicht der Verfolger ist.*[468] Ohne Jacobowsky wäre der polnische Oberst Tadeusz Boleslav Stjerbinsky, ein geschworener Antisemit aus alter Tradition, verloren. Das Vehikel, das Jacobowsky erwirbt und für das er wie durch ein Wunder immer wieder Benzin auftreibt, schmilzt das gegensätzliche Paar für eine Weile zusammen. Jacobowsky agiert als Ferment des Weiterkommens. Er ist selbst der Treibstoff der Geschichte, der die anderen immer dann voranbringt, wenn sie aufgeben wollen, sich in Gefahr bringen oder einfach vergessen. Sein lebensweltlicher Messianismus überwindet das Bestehende mit der gleichen Beharrlichkeit, mit der der katholische Oberst an der Konvention, am Wertesystem der Tradition festhält. Höchste Komik stellt sich ein, wenn die ideellen Wesenheiten der beiden Reisenden, der ewige Jude und der heilige Franziskus, auf einem Doppelzweirad auftauchen: ein hagerer Intellektueller mit Kraushaar und dicker Hornbrille und ein blasser Sandalenmönch, der die Kutte wegen des Radfahrens mit Sicherheitsnadeln hochsteckt. Das Tandem ist das Symbol der Versöhnung, die Utopie der Wiedervereinigung des Geschiedenen.

Jacobowsky: Ich sehe zwei Gegensätze, die ganz gut miteinander auskommen!

Der Ewige Jude: Oh, wir sind ein Herz und eine Seele! Lassen Sie die Gegensätze nur alt genug werden, dann finden sie sich, wie die Parallelen im Unendlichen.[469]

Jacobowskys Weltsicht basiert auf einem beständigen Wechsel zwischen äußerstem Skeptizismus und dem Wissen um die Vorbestimmtheit der Geschehnisse. Sein Überlebenssystem ist ein Widerspruch in sich selbst, ein fatalistischer Optimismus. An die Freundin Alice Gerstel, die inzwischen im mexikanischen Exil lebt, hat Werfel einst geschrieben: *Die Auswahl von Glück und Unglück selbst im Unglück ist noch unbegrenzt.*[470] In Jacobowskys Überlebenskunst wird dieser Aphorismus real. Es gibt immer zwei Möglichkeiten im Unglück, lautet seine Lehre. Erst als selbst Jacobowsky keinen Rat mehr weiß, wird auch diese Lebensphilosophie zu einem makaberen Stoizismus, zum Zerrspiegel ihres einstigen ethischen Gehalts. *Entweder stecken die Nazis besagten Jacobowsky in das Schreckenslager von Gurs oder sie verschleppen ihn mit hunderttausend andern nach Polen. Stecken sie ihn in das Schreckenslager von Gurs, das ist doch gut! Verschleppen sie ihn nach Polen, da gibt es zwei Möglichkeiten. Entweder bringen die Nazis besagten Jacobowsky schnell um oder sie quälen ihn langsam zu Tode. Bringen sie ihn schnell um, das ist doch gut. Quälen sie ihn langsam zu Tode, da gibt es zwei Möglichkeiten. Entweder sie scharren ihn lebendig ein bis zum Kopf...*[471]

Am Schluß muß auch derjenige befreit werden, der das Werk der Be-

Das Haus der Werfels in Beverly Hills

freiung in Gang gesetzt hat. Eine dritte Figur, die vom heiligen Franziskus als *Madame la France* bezeichnete Fluchtgefährtin und Geliebte des Oberst, Marianne, ist die Instanz dieser Erlösung. *Es gibt eine dritte Möglichkeit für Sie*, erkennt Stjerbinsky. Marianne wird zum Prinzip, das die Gegensätze vereint, aus der Antithetik der zwei Möglichkeiten einen Weg zur Versöhnung weist. Auf der historischen Ebene steht für sie der Geist der «Marseillaise», mit der das Stück endet. Werfel verwendet bewußt die klassische Pose: *Marianne ist auf die Spitze der Mole getreten. Sie steht schattenhaft da mit flatterndem Haar und Mantel im wachsenden Morgenlicht.*[472] Auf der metaphysischen Ebene aber verkörpert sie in der triadischen Anordnung der göttlichen Arbeitsteilung die weibliche Himmelskraft, deren Liebe die endgültige Erlösung erst ermöglicht: *Komm wieder... Komm bald... Ich werde warten... Ich werde arbeiten für den Tag des Empfangs...*[473]

Das Buch muß zu Ende gebracht werden[474], sagt Werfel zu dem befreundeten Literaturwissenschaftler Gustave O. Arlt. Dieser Satz wird zur immerfort wiederholten Beschwörungsformel. Gemeint ist der philosophisch-utopische Reiseroman *Der Stern der Ungeborenen*, der zu einem historischen Zeitpunkt, im Frühjahr 1943, begonnen wird, als auf gräßliche Weise, mit Hekatomben von Toten, in der Schlacht von Stalingrad das Ende des Dritten Reichs absehbar wird. Auch die Massenvernichtungslager der Nazis sind bekannt geworden.

Parallel zum *Stern der Ungeborenen* entstehen auch die letzten philo-sophisch-religiösen Meditationen des Dichters. Wenn sich *Jacobowsky und der Oberst* wie ein vorweggenommenes Satyrspiel zum Utopia-Ro-man ausnimmt, so kann der 1944 erscheinende Essay- und Aphorismen-band *Between Heaven and Earth* als ergänzendes Traktat gelten. Erst ein Jahr nach Werfels Tod erscheint er als *Zwischen Oben und Unten* in deut-scher Sprache. Zu den älteren Vorträgen *Realismus und Innerlichkeit, Können wir ohne Gottesglauben leben?* und *Von der reinsten Glückselig-keit des Menschen* treten die *Theologumena*, die freilich weniger Lehr-sätze als Bekenntnisse enthalten. *Ich bin ein Buchstabe irgendwo in einem großen, dicken Roman* [475], räumt der Theoretiker Werfel gleich zu Anfang ein und gibt damit selbst den persönlichen Charakter der Aufzeichnungen preis. Diese sollen als *Engelsbrücke für Agnostiker* überzeugen und nicht überreden. Viele der ethischen, religiösen, sozialistischen, aber auch physikalisch-astronomischen Thesen offenbaren sich als Versuch, im Me-dium sachlicher Erwägung die zurückliegenden lyrischen Intentionen zu ergänzen.

Israel verhält sich zum Messias, unabhängig von seinem eigenen Be-wußtsein, de facto wie die Perlmuttermuschel zur Perle [476], schreibt Werfel. Hiermit ist der immer wieder umrissene, in Parabeln und Bildern be-schworene Zusammenhang von Christentum und Judentum auf den Be-griff gebracht. Werfel betont mehrfach die jüdische Identität Jesu. *Was wäre Israel ohne die Kirche? Und was wäre die Kirche ohne Israel* [477], fragt er. Die Juden sind das lebendige Zeugnis sowohl des alten wie des neuen Testaments. Werfel hat, unbeirrt von Angriffen jeglicher Provenienz, stets auf der heilsgeschichtlichen Unabdingbarkeit des Pascalschen Glau-bens von der «Zeugenschaft Israels» beharrt. Israel als der *positive Kron-zeuge im letzten Prozeß jenseits der Geschichte* [478] ist zugleich ewiges Kor-rektiv in der Geschichte selbst. *Alles was ist, muß überwunden werden, damit das Neue sein kann* [479], dekretiert im Roman der Dialektiker Jo-Joel, der Sohn des *Juden des Zeitalters*. Zugleich hat Werfel in der *meta-physischen Ungeduld* dieses Messianismus den Auslöser der Ressenti-ments erkannt, das *aus Christen und Heiden und oft sogar aus Juden die Sünde des Antisemitismus hervorlockt* [480]. Keinen Zweifel läßt Werfel am antichristlichen Charakter des nationalsozialistischen Massenmords an den Juden.

Als sich der Schriftsteller im Mai 1943 in Santa Barbara an die Arbeit zu seinem philosophischen Reiseroman macht, weiß er, daß er damit sein letztes großes Werk in Angriff nimmt. Das Manuskript des ersten Teils wird bereits im Frühsommer abgeschlossen. Werfel schreibt in ungeheu-rer Eile nieder, was in seinen Gedanken längst strukturiert ist. Kurz zuvor hat er sich nochmals intensiv mit der Gnosis beschäftigt, vor allem mit den Lehren des Valentin, *diesem edlen, abgründigen und hochpoetischen Geist* [481]. Die Faszination vom Gedanken des Sphärenausflugs als Loslösungsprozeß der Seele von der Welt, von der Auffassung dieser Seele als Konfiguration kosmisch-mentaler Kräfte und vom Akt ihrer Erlösung als Kosmosauflösung stehen also am Anfang des *Sterns der Ungeborenen*.

Die dritte und vierte Umarbeitung des *Jacobowsky*, das Ehrendoktorat der Universität von Kalifornien in Los Angeles, im Roman in der Verleihung der violetten Ehrenschleife parodiert, die Dreharbeiten zur *Bernadette*-Verfilmung, der Freitod seiner Jugendfreundin Alice Gerstel-Rühle im Juni und essayistische Arbeiten bringen den Produktionsfluß während des gesamten Sommers zum Stillstand. Kurz nach seinem 53. Geburtstag dann rächt sich trotz des günstigen Klimas sein malträtierter Körper, der sich von den schweren Herzanfällen des französischen Exils nie wieder erholt hat. Werfels unstillbare Rauchgier hat das Übrige getan. Schweißausbrüche, Krämpfe, eine Lungeninsuffizienz, Erstickungsnöte, hohes Fieber begleiten die Herzanfälle, die in den nächsten Monaten auftreten. Der Zustand bleibt bis weit über die Jahreswende so bedrohlich, daß er kaum das Bett verlassen kann. Er lehnt hartnäckig eine Einweisung in eine Herzklinik ab.

Aus dieser Zeit stammen die lyrischen Meditationen *Göttlicher Sinn der Krankheit*, die von der kathartischen Wirkung des Schmerzes sprechen, *Der allerletzte Augenblick*, der das memento mori allem Zwang entgegen als voluntaristischen Akt auffaßt, *Eine Stunde nach dem Totentanz*, worin die Außenwelt zur Wartehalle des Todes zusammenschrumpft, und das Gedicht *Totentanz* selbst, verfaßt am 17. Dezember 1943 nach einer schweren Herzattacke mit Atemnot, *mit zitternder Hand*[482] auf einem Bettpult verfaßt:

> *Der Tod hat mich im Tanz geschwenkt.*
> *Ich fiel zuerst nicht aus dem Trott*
> *Im Totentanz und steppte flott,*
> *Bis er das Tempo wilder lenkt.*
> *. . .*
> *Doch plötzlich ließ er fallen seine Beute,*
> *Denn in des Ersten Schweigens Alphabet*
> *Sprach Er zu ihm zwei Worte nur: Nicht Heute!*[483]

Erst im Sommer 1944, nach der Landung der Alliierten in Frankreich und dem mißlungenen Attentat auf Hitler, beginnt Werfel in Santa Barbara mit dem zweiten Romanteil. An dessen Ende, gleichsam in der Umkehrung, kündigt sich nach einem geglückten Attentat der Untergang der Zukunftswelt durch atavistische Kräfte an. Grundlegend für den Aufbau der Zukunftswelt ist Dantes «Divina Commedia». *Für mich ist immer Dante das Vorbild*[484], heißt es auf einem Notizzettel aus den vierziger Jahren. Werfels epische Architektonik bleibt nicht nur dem triadischen

Vergil und Dante steigen aus der Unterwelt empor, hinter ihnen Luzifers Krallenfüße. Aus dem «Codex 365 Urbinati», Vatikanbibliothek Rom

Grundriß von Dantes Jenseitswelten verpflichtet, sondern folgt auch deren Stufenaufbauschema. F. W., der Held des Romans, ist der Dichter selbst. Als F. W. s Pendant zu Vergil, dem Führer durch Hölle und Purgatorium, tritt sein alter Freund B. H. auf, der ihn gleich zu Beginn der Reise in der Montur eines Soldaten aus dem Ersten Weltkrieg empfängt. B. H., das ist niemand anderes als Willy Haas, der zur Zeit der Roman-Niederschrift längst in Indien lebt. Nun, nach über 100 000 Jahren, muß der inzwischen mehrmals wiedergeborene B. H., *nicht so dienstwillig zu mir wie, um einen überheblichen Vergleich zu wagen, Vergilius etwa zu Dante*[485], dem Besucher das utopische Kalifornien zeigen. B. H., hin- und hergerissen zwischen seiner Position als geliebter alter *Zech- und Diskus-*

138

sionskumpan und seiner Funktion als etwas angeberischer Fremdenführer, ist die am liebevollsten gezeichnete Figur des Buchs.

Franz Werfels Utopia ist kosmologisches Epos und Autobiographie der Seele zugleich. Der Reisebericht des F. W., der durch eine spiritistische Sitzung ins 11. Großjahr der Jungfrau, ins Jahr 101943 zitiert wird, ist sowohl der Bericht von der geistigen, kulturellen, ökonomischen und ökologischen Zukunft der Menschheit als auch kritische Revision des eigenen Zeitalters. Elemente des Erziehungs-, des Bildungs- und des Geschichtsromans verbinden sich mit dem visionären Weltentwurf. Essayistische Passagen, lyrische Intermezzi, inquisitorische Verhöre treten hinzu. Der Schiffbruch, den am Ende die Zukunftsgesellschaft erlebt, ist modellhaft vorgegeben in den Katastrophen der Vergangenheit. Dabei ist nicht nur die in den Zweiten Weltkrieg verstrickte Gegenwart des Dichters, gleichsam die Steinzeit der *astromentalen* Zukunft, gemeint. Ebenso ist an einen dritten, atomaren Universalkrieg, der mit *Fernsubstanzzertrümmerern* geführt wurde gegen Städte, die im Gegensatz zur utopischen Welt *hoch über der Erdoberfläche gebaut waren*[486]. Mit diesen ausgegrabenen und entschärften Waffen spielen mittlerweile die Kinder, ohne freilich noch *durch Aufknackung der Nuclei den Weltraum der Unikel freilegen*[487] zu können. Lange vor F. W.s Besuch ist Krieg als Form der Auseinandersetzung ausgestorben. Als spleenige Idee überlebt er einzig noch in den Köpfen archäologisch interessierter Romantiker. Aus dieser Sekte geht dann allerdings der unmittelbare Anlaß zur Zerstörung der friedlichen Kultur hervor.

Von den prominenten Utopien einer gleichgeschalteten Welt, von Orwell und Huxley, unterscheidet sich der Roman gravierend. Nicht eine zuständliche starre und eindimensional negative Zukunftswelt, sondern einen Epochenwandel schildert das Buch. Eine ungeheure geschichtliche Dynamik bezeichnet das Ende der astromentalen Erdenbürger. So wie Atlantis, Platons Objektivation des Idealstaats, untergeht, so zerfällt am Schluß der Geistesstaat des Romans. Die programmatische Forderung von H. G. Wells, daß eine moderne Utopie «kinetisch, aber nicht statisch» sein muß, gilt auch für Werfels Konzeption. Der inselhaften Abgeschlossenheit der meisten Utopien setzt er den unauslotbaren stellaren Raum entgegen, dem der ebenso unendliche und gleichfalls befahrene Mikrokosmos der inneren Molekül- und Atomwelt entspricht.

Der verlockenden Versuchung, das ungeheure Beziehungsgeflecht des Romans offenzulegen, kann hier nicht nachgegangen werden. Unverzichtbar aber scheint der Verweis auf Werfels Beschäftigung mit Swedenborgs System der sphärischen Harmonie und Balzacs kosmischer Dichtung «Séraphita». Werfels Verweis- und Bezugstechnik durchwandert die gesamte Geistesgeschichte. Gnostische Dämonologie, christliche Mystik, kabbalistischer Hermetismus, buddhistische Reinkarnationslehre, babylonische Astrologie und apokalyptische Symbolik werden konsultiert. Bis zur Relativitätstheorie und der Ontologie Heideggers reicht die Bestandsaufnahme. Sie ergeht sich darüber hinaus spekulativ in der Erfindung auch solcher Systeme, die die Zeit zwischen der Gegenwart und der utopischen Welt des Dichters erfüllen. Intensiv beschäftigt er sich mit der Theorie des englischen Astrophysikers James Jeans, der in seinem 1937 erschienenen Buch «Der Weltraum und seine Rätsel» davon ausgeht, daß der Kosmos immer dagewesen sei und immer da sein werde. Jeans begreift das Weltall als sich ausdehnendes und wieder zusammenziehendes Wesen, das aus reinem Denken besteht. Er vertritt auch die These der Planeten-Entstehung durch die Freisetzung einer gasförmigen Materie, die sich bei einer fast zum Zusammenprall geführten Annäherung der Sonne an einen anderen Stern gebildet habe. Das Schicksal der Erde unseres Sonnensystems aber sei die Erkaltung der Sonne. Im *Stern der Ungeborenen* ist dieser Prozeß schon weit fortgeschritten. Die Temperatur im Jahre 100943, *die man kalte Hitze oder heiße Kälte hätte nennen können*[488], weist auf das Ende hin. Längst schon ist es an einem Jahrtausende zurückliegenden dreizehnten Novemberfreitag zur kosmischen Katastrophe, der Transparenz der Sonne, gekommen, die sogar fast explodiert wäre. Seit dieser *Sonnenherzattacke* gibt es keine Vögel mehr. Die Entfernung zur Sonne ist größer geworden, aber der damit veränderte Bio-Rhythmus hat parallel dazu die Lebensdauer der Menschen erhöht. Insgesamt ist die Welt kälter geworden.

Schrecklich ist die Unterwelt der Utopie. *Ich habe von irgendeinem automatischen Krematorium geträumt: eine Art Aschinger des Todes*[489], hat Werfel bereits im Januar 1933 an Gerhart Hauptmann geschrieben. In den beängstigenden Unterweltszenen des Romans, nach Thomas Mann «mit ihrer dumpf-albtraumhaften Atmosphäre ... als Phantasieleistung unübertroffen in aller Literatur»[490], wird diese Vision wahr. Die eindringliche Plastizität der im Erdinnern spielenden Wintergarten-Episode mit den obskuren Elementen des glücklichen Todes, der euthanasia, verdankt sich nicht zuletzt einem seltsamen Wiedererkennungseffekt, der sich beim Lesen einstellt. F. W. selbst geht es beim ersten Anblick so. *Was wir von dieser Stadt vor uns sahen, und wohin der Weg führte ... ähnelte am ehesten den riesengroßen Bahnhöfen, die man zwischen 1930 und 1940 in «moderner Architektur» errichtet hat... Jedes Kind meiner eigenen Zeit hätte auf den ersten Blick gedacht, es sei da in eines der großen Industriezentren geraten.*[491] Nummernzähler registrieren die ankommenden Menschen, Herren und Damen werden voneinander getrennt. Es existiert ein großer Badesaal, *mit allerlei mir unbekannten Dusch- und Sprühsystemen angefüllt*[492].

Angestellte in weißen hochgeschlossenen Kitteln sorgen für eine reibungslose Einweisung. *Alles sollte hier schnell gehen, ehe man recht zur Besinnung kam.*[493] Erst nach diesem Wiedererkennungseindruck eröffnet sich das entsetzliche, an Bosch, Breughel und Kubin erinnernde Panorama des *Uterus terrae matris*. Dort stehen die Wiegengräber, in denen mit der *retrogenetischen* Technik die Menschen zurückentwickelt werden bis über das embryonale Stadium hinaus. Als Margeriten finden sie sich zur letzten Ruhe auf gigantischen Feldern wieder. Eine ausgefeilte Technik der Sterbehilfe verspricht den wonnevollen Übergang zum Tod. Die im 20. Jahrhundert perfektionierte Ausschaltung der Todeserfahrung, des Sterbens als wesentlicher Phase des Lebens selbst, ist gelungen.

Als Werfel unter die Schlußworte des Romans das Datum und den Ort seiner Beendigung setzt, den 17. August 1945, Santa Barbara, ist er selbst vom Tode gezeichnet. Kurz zuvor haben die USA über Hiroshima und Nagasaki Atombomben abgeworfen. Die Wirklichkeit holt die Visionen des Romans bereits ein. Schreckliche Nachrichten aus Europa haben Werfel erreicht. Viele seiner Verwandten sind in Auschwitz, Mauthausen und Treblinka ermordet worden. In einer *Botschaft* an *das deutsche Volk*, im Mai 1945 nach Deutschland gekabelt, findet sich die verzweifelte Anklage: *Deutsche Menschen, wißt ihr, was durch eure Schuld und Mitschuld geschehen ist in den Jahren des Heils 1933 bis 1945? Wißt ihr, daß es Deutsche waren, die Millionen und Millionen friedfertiger, harmloser, unschuldiger Europäer mit Methoden umgebracht haben, die den Teufel selbst schamrot machen würden? Kennt ihr die Bratöfen und Gaskammern von Maidanek, den Jauchenberg verwesender Mordopfer in Buchenwald, Bergen-Belsen und hundert anderen Höllenlagern selbst?* [494] Entschieden wendet er sich gegen Kollektivbeschuldigungen, fordert Deutschlands und Europas Rückkehr *zur Welt der Humanität* [495].

In der Mittagsglut des 17. August kehrt er aus Santa Barbara zurück in sein Haus am Bedford Drive in Beverly Hills. Nur mühsam gelingt ihm der Weg vom Automobil zur Haustür. Die letzten Stadien der Angina pectoris treten ein: Schweißausbrüche, Empfindungslosigkeit, Kälteschauer und Todesträume. Ein *kleines, lebendes weißes Pferdchen ... galoppierte neben mir vorbei und die Treppe hinunter* [496]. Am 25. August kommt der Dirigent Bruno Walter ins Haus, um mit Alma essen zu gehen. Während des Wartens spielt er auf dem Klavier aus Smetanas «Verkaufter Braut». *Vielleicht sitzt der Tod am Klavier als prüfender Stimmer* [497], hat Werfel in einem seiner letzten Gedichte geschrieben. Was er jetzt hört, ist aber doch die Musik der Kindheit und der Heimat. Ein letztes Mal erklingt summend der weiche Tenor Werfels, der begeistert aus seinem Zimmer gekommen ist und sogar noch versucht, ein paar schüchterne Tanzschritte zu machen.

Am Sonntag, den 26. August 1945, arbeitet er nach der Nachmittagsruhe an der geplanten Auswahl seiner liebsten Gedichte, um hie und da etwas zu korrigieren. *Mit Fäusten hält er fest den Schlußakkord* [498], lautet ein Vers aus dem Sonett *Der Dirigent*, dem letzten Gedicht, an dem er feilt. Die Tinte ist noch feucht, als ihn seine Frau um sechs Uhr nachmittags mit ruhig lächelndem Gesicht tot auf dem Boden seines Arbeits-

Das letzte Foto von Franz Werfel, Sommer 1945

raumes findet. Am 29. August wird er so, wie er es sich gewünscht hat, begraben. In der Hand hält er den Rosenkranz, den er bei sich trug. Um den Hals hat er eine Lourdes-Medaille. Wie F. W. im *Stern der Ungeborenen* trägt er seinen alten, abgeschabten Frack und in der Brusttasche die große Nickelbrille.

Franz Werfel

Anmerkungen

Die Werke Werfels werden soweit möglich zitiert nach der von Adolf D. Klarmann edierten Werk-Ausgabe, S. Fischer Verlag Frankfurt. Dabei werden folgende Siglen verwendet:

E I, II, III = Erzählungen aus zwei Welten, Bd. I 1948, Bd. II 1952, Bd. III 1954

D I, II = Die Dramen, Bd. I und II 1959

LW = Das lyrische Werk, 1967

V = Verdi, Roman der Oper, 1949

A = Der Abituriententag, 1965

B = Barbara oder Die Frömmigkeit, 1953

GvN = Die Geschwister von Neapel, 1962

MD = Die vierzig Tage des Musa Dagh, 1965

J = Jeremias. Höret die Stimme, 1956

VH = Der veruntreute Himmel, 1965

LvB = Das Lied von Bernadette, 1966

SdU = Stern der Ungeborenen, 1946

OU = Zwischen Oben und Unten.

Hg. von A. D. Klarmann. München–Wien 1975

ML = Alma Mahler-Werfel: Mein Leben. Frankfurt 1960

Archivmaterial:

UPP I, II = University of Pennsylvania, Philadelphia. Patterson Van Pelt Library, Special Collection, Alma Mahler-Werfel/Franz Werfel Archiv (I), Adolf D. Klarmann Archiv (II)

UCLA = University of California, Los Angeles, Special Collection, Franz Werfel

DB = Deutsche Bibliothek, Frankfurt/M. Abt. Exilliteratur

DL = Deutsches Literaturarchiv, Marbach/Neckar

AK = Akademie der Künste, Berlin, Sammlung Preußischer Kulturbesitz

1 LW, Höhe des Lebens, S. 493
2 Vgl. M. Dubrovic, Veruntreute Geschichte, Wien–Hamburg 1985, S. 23
3 F. Kafka, Gesammelte Werke, hg. von Max Brod, Frankfurt 1976, Bd. 6, S. 401
4 OU, Warum haben Sie Prag verlassen?, S. 592
5 Notizen von einem Gespräch mit Albine Werfel, UPP II
6 SdU, S. 217
7 Vgl. B. Kisch, Wanderungen und Wandlungen, Köln 1966, S. 19; Notizen von einem Gespräch mit Hanna Fuchs-Robetin, UPP II: «selbe Nacht wo Karlsbrücke eingestürzt»; P. S. Jungk, Franz Werfel. Eine Lebensgeschichte, Frankfurt 1987, S. 11
8 LW, Aus dem Traum einer Hölle/Eintritt, S. 224
9 OU, Autobiographische Skizze, S. 701
10 Abschnitt Rudolf Werfel, UPP I
11 Mitteilung von František Kafka, der beim Bezirksarchiv Böhmisch-Leitha recherchierte
12 OU, Autobiographische Skizze, S. 701
13 Notizen von einem Gespräch mit Albine Werfel, UPP II
14 SdU, S. 413
15 C. Stölzl, Kafkas böses Böhmen. Zur Sozialgeschichte eines Prager Juden, München 1975, S. 60/61
16 SdU, S. 413
17 SdU, S. 412/413
18 UPP II, Notiz
19 W. Haas, Die literarische Welt. Erinnerungen, München 1957, S. 18

20 Brief an Alma 1921, UCLA
21 E II, Kleine Verhältnisse, S. 248
22 Franz Kafka, Gesammelte Werke, Bd. 7: Tagebücher 1910–23, Frankfurt 1976, S. 324
23 Brief von Marianne Rieser an Franz Werfel, 26. Juni 1942, UPP I
24 B, S. 43
25 B, S. 25
26 B, S. 26
27 LW, Aus dem Traum einer Hölle/Eintritt, S. 224
28 B, S. 72
29 D I, Schweiger, S. 372
30 OU, Erguß und Beichte, S. 690/91
31 Brief an S. Freud, 15. September 1926, in: B. Urban, Franz Werfel, Freud und die Psychoanalyse, in: Deutsche Vierteljahresschrift für Literaturwissenschaft und Geistesgeschichte, 47. Jg., XLVII. Bd., S. 281
32 OU, Erguß und Beichte, S. 695
33 Ebd., S. 692
34 Vgl. zu Erna Tschepper: Notizen A. D. Klarmanns, UPP II, E II, Kleine Verhältnisse; P. S. Jungk, Franz Werfel, a. a. O., S. 355
35 E. E. Kisch, Gesammelte Werke Bd. II/2, Die Abenteuer in Prag, Berlin u. Weimar 1980, S. 364
36 LW, Die verklärte Magd, S. 413
37 LW, Erster Schultag, S. 427
38 A, S. 64
39 W. Haas, Die literarische Welt, Erinnerungen, a. a. O., S. 14
40 Ebd., S. 16

41 Unveröffentlichter Brief von W. Haas an H. Doctor (Haas), 1946, Besitz Herta Haas

42 M. Brod, Rebellische Herzen, Berlin 1957. 1979 erschienen als: Prager Tagblatt, Roman einer Redaktion, Frankfurt 1986, S. 64

43 A, S. 174

44 A, S. 176

45 OU, Erguß und Beichte, S. 691

46 B, S. 582

47 SdU, S. 636

48 OU, Autobiographische Skizze, S. 701/702

49 D I, Die Versuchung, S. 32

50 OU, Die Katze, S. 818

51 M. Brod, Streitbares Leben, Frankfurt 1969, S. 40

52 Brief an Gertrud Spirk, 6. Oktober 1916, DL

53 Vgl. R. Specht, Franz Werfel, Wien 1926, S. 36; Anna Mahlers Erinnerung in: P. S. Jungk, Franz Werfel, a. a. O., S. 41; L. Brod, Keinen Straßennamen bekommen, in: Sudetendeutsche Zeitung, 29. Oktober 1982, S. 7; ML, S. 91; L. B. Foltin, Franz Werfel, Stuttgart 1972, S. 19

54 OU, Autobiographische Skizze, S. 702

55 OU, Der Dichter – F. Th. Csokor zum 50. Geburtstag, S. 452

56 F. T. Csokor, Erinnerungen an Franz Werfel, Wiener Presse, 1953, UPP II

57 LW, Dampferfahrt im Vorfrühling, S. 51

58 E III, Weissenstein, der Weltverbesserer, S. 59

59 W. Haas, Otto Pick, Ein Blatt des Gedenkens, in: Stifterjahrbuch III, Gräfelfing 1953, S. 67

60 E III, Weissenstein, der Weltverbesserer, S. 59

61 Ebd.

62 F. Kafka, Tagebücher, a. a. O., S. 272

63 E III, Weissenstein, der Weltverbesserer, S. 59

64 F. Langer, Arma virumque, in: K. H. Jähn (Hg.), Das Prager Kaffeehaus, Berlin 1988, S. 13

65 Notiz von einem Gespräch mit Willy Haas, UPP II

66 E III, Weissenstein, der Weltverbesserer, S. 59

67 Ebd.

68 E II, Der Schauspieler, S. 299

69 A. Polgar, Prager Tagblatt, 15. Februar 1914

70 F. Kafka, Tagebücher, a. a. O., S. 148

71 R. M. Rilke, Sämtl. Werke in 12 Bänden, Bd. II, Kleine Schriften, Über den jungen Dichter, Frankfurt 1975, S. 1053

72 Brief an Marianne Rieser, 23. Juli 1942, UPP I

73 LW, Kindersonntagsausflug, S. 16

74 LW, Sterben im Walde, S. 24

75 LW, Nächtliche Kahnfahrt, S. 44

76 LW, Der Kinderanzug, S. 14

77 Vgl. W. Grünzweig, Walt Whitmann, Die deutschsprachige Rezeption als interkulturelles Phänomen, erscheint München 1990

78 Nachwort in: W. Whitman, Grashalme, übers. von J. Schlaf, Stuttgart 1968, S. 234

79 G. Janouch, Gespräche mit Kafka, Frankfurt 1961, S. 186

80 Brief an Alma, etwa August 1918, UCLA

81 OU, Ihr sehr ergebener... (Very sincerely yours), S. 886

82 LW, An den Leser, S. 62/63

83 LW, Ballade vom Winterfrost, S. 487

84 OU, Autobiographische Skizze, S. 702

85 K. Pinthus, Der Zeitgenosse, Marbach 1971, S. 82

86 Vgl. W. H. Sokel, Der literarische Expressionismus, München 1959, S. 175

87 Herder-Blätter, 1. Jg, No. 2, Februar 1912, S. 23; vgl. auch E I, S. 13. A. D. Klarmanns Datierung der Skizze auf das Jahr 1914 ist falsch

88 OU, Warum haben Sie Prag verlassen?, S. 592

89 K. Wolff, Lesebuch des Expressionismus, Sendereihe des NDR 1962–63, Franz Werfel, 19. Mai 1962; vgl. auch B. Zeller, Der Verleger Kurt Wolff, in: K. Wolff, Briefwechsel eines Verlegers, Frankfurt 1966, S. XVIII

90 Abschriften der undatierten Briefe Else Lasker-Schülers, UPP II

91 LW, Ich bin ja noch ein Kind, S. 116

92 Rainer Maria Rilke an Marie von Thurn und Taxis, Briefwechsel, Frankfurt 1951, S. 355 ff

93 R. M. Rilke, Über den jungen Dichter, a. a. O., S. 1046

94 Brief an Rilke, 15. August 1918, Eduard Goldstücker, Rainer Maria Rilke und Franz Werfel, in: Germanistica Pragensia I, No. 3, 1960, S. 37–71

95 OU, Wenn die Russen tanzen, wenn Battistini singt, S. 200

96 Rainer Maria Rilke an Marie von Thurn und Taxis, a. a. O., S. 173

97 Aus einem Album von Sidonie Nádherny von Borutin, Staatsarchiv Prag, Abt. Beneschau, Inv. Nr. A-c-40; zit. nach: F. Pfäfflin, Sidonie Nádherny von Borutin in ihren Tagebüchern und Briefen, in: K. Kraus, Briefe an S. N. v. Borutin, Bd. II, München 1977, S. 32

98 R. M. Rilke – H. von Hofmannsthal, Briefwechsel, Frankfurt 1978, S. 77

99 Ebd., S. 79

100 OU Begegnungen mit Rilke, S. 420/421

101 J. Unseld, Franz Kafka, Ein Schriftstellerleben, Frankfurt 1984, S. 77

102 Notiz von einem Gespräch mit Kurt Wolff, UPP II

103 Vgl W. Schneditz, Georg Trakl in Zeugnissen der Freunde, Salzburg 1951, S. 52

104 Imprimatur, N. F. Bd. 3, 1961/62, S. 200/201; auch: T. Anz und M. Stark (Hg.), Expressionismus – Manifeste und Dokumente zur deutschen Literatur 1910–1920, Stuttgart 1982, S. 360

105 W. Herzog, Menschen, denen ich begegnete, Bern 1959, S. 429

106 Notiz von einem Gespräch mit Kurt Wolff, UPP II

107 Brief an Gertrud Spirk, 19. April 1914, DL

108 LW, Malcesine, S. 174

109 B, S. 207

110 OU, Das traurige Lokal, S. 833

111 LW, Jesus und der Äser Weg, S. 186–188

112 D I, Vorbemerkung zur ersten Auflage, S. 546

113 Ebd., S. 548

114 B, S. 140/141

115 SdU, S. 545

116 LW, Die Wortemacher des Krieges, S. 62

117 In Die literarische Tat, 29. Dezember 1930, 25. Jg., S. 7

118 SdU, S. 659

119 E I, Cabrinowitsch, S. 24

120 Brief an Gertrud Spirk, o. D., DL

121 J. Urzidil, Prager Triptychon, München 1960, S. 182

122 OU, Autobiographisches, S. 637

123 LW, Die heilige Elisabeth, S. 195

124 Brief an Gertrud Spirk, 10. September 1916, DL

125 Ebd., April 1917, DL

126 Ebd., 1917, DL

127 Brief an A. Ehrenstein, zit. nach: M. Y. Ben-gavriel, Aus dem Literaturbetrieb der Weimarer Republik, Frankfurter Hefte 3, 1964, S. 192

128 OU, Nachschrift zum «Gerichtstag», S 839

129 Ebd., S. 841

130 LW, Einem Denker, S. 292

131 CU, K. Kraus, S. 340/341; vgl. auch: Der Brenner, III. Jahr, 1913, Heft 13–20, S. 934/935

132 Vgl. K. Kraus, Dramen, München/Wien 1967, S. 65

133 K. Kraus, Die Fackel 339/340, S. 48–51

134 Brief an K. Kraus, 23. Mai 1911, Handschriftenabt. der Wiener Staatsbibliothek

135 K. Kraus an Kurt Wolff, 9. Dezember 1913, in: Kurt Wolff, Briefwechsel, a. a. O., S. 124

136 K. Kraus, Briefe an Sidonie Nádherny von Borutin, Bd. I, a. a. O., S. 495

137 K. Kraus, Die Fackel 443/444, 1916, S. 26/27

138 D I, Spiegelmensch, S. 231

139 Brief an die Redaktion des Strache Verlages, 6. Mai 1917, UPP I

140 K. Kraus, Die Fackel 912–915, 1935, S. 40

141 K. Kraus, Die Fackel 917–922, 1936, S. 6

142 Brief an Alice Gerstel, 31. Mai 1917, UPP I

143 Ebd., o. D. (nach Hannas Verlobung)

144 Ebd., 12. April 1917

145 Brief an K. Wolff, 7. August 1917, in: K. Wolff, Briefwechsel, a. a. O., S. 117

146 B, S. 290

147 A. Schnitzler, Tagebücher 1917–1919, Wien 1985, S. 72

148 OU, Vorbemerkung zu «Neue Bilderbogen und Soldatenlieder», S. 488

149 B, S. 300

150 A. Kuh, Luftlinien, Wien 1981, S. 81

151 B, S. 547

152 F. Kafka, Briefe an Milena, Frankfurt 1983, S. 78

153 Brief an Gertrud Spirk, 28. August 1917, DL

154 B, S. 337/338

155 Brief an Gertrud Spirk, 20. August 1917, DL; abgedruckt in: P. S. Jungk (Hg.), Das Franz Werfel Buch, Frankfurt 1986, S. 395

156 Vgl. Almas Tagebücher, UPP I und ML, S. 87

157 ML, S. 88

158 Brief an Gertrud Spirk, 7. November 1917, DL

159 Ebd.

160 E III, Cella oder Die Überwinder, S. 267

161 Brief an Gertrud Spirk, 12. Dezember 1917, DL

162 LW (ohne Titel), S. 532

163 St. Zweig, Die Welt von Gestern, Frankfurt 1982, S. 313

164 OU, Rede an die Arbeiter von Davos, S. 532

165 ML, S. 124

166 D I, Die Mittagsgöttin, S. 103

167 SdU, S. 423

168 Brief an Gertrud Spirk, o. D., DL

169 ML, S. 127

170 OU, Autobiographisches, S. 655

171 W. Gropius, Briefe an K. E. Osthaus und Auguste Pauline Manon Gropius, zit. aus: R. R. Isaacs, Walter Gropius, Frankfurt–Berlin–Wien 1985, Bd. 1, S. 176

172 Walter Gropius an Alma, 12. Juli 1919,
in: R. R. Isaacs, Walter Gropius,
a.a.O., S. 234
173 B, S. 335
174 ML, S. 122
175 R. Musil, Tagebücher, Reinbek 1976,
S. 343
176 Vgl. H. Hautmann, Franz Werfels «Barbara oder Die Frömmigkeit» und die
Revolution in Wien 1918, in: Österreich
in Geschichte und Literatur, XV, Nr. 8,
Oktober 1971, S. 471; R. Neumann, Ein
leichtes Leben, München–Wien–Basel
1963, S. 554/555
177 Vgl. G. Kaus, Und was für ein Leben,
Hamburg 1979, S. 73
178 B, S. 506
179 Brief an Alma, Sommer 1919, UCLA
180 F. Kafka, Briefe an Milena, a.a.O.,
S. 283
181 OU, Dramaturgie und Deutung des Zauberspiels «Spiegelmensch», S. 239/240
182 D I, Spiegelmensch, S. 146/147
183 Brief an K. Wolff, 19. Februar 1920, in:
D I, S. 549/550, Anmerkungen
184 LW, Vater und Sohn, S. 86
185 LW, Die Mondstunde, S. 97
186 Vgl. D. Sulzer, Der Nachlaß Ernst Po-
laks, Schiller-Jahrbuch 23, 1979, S. 534
187 E I, Nicht der Mörder, der Ermordete ist
schuldig, S. 191
188 W. Hasenclever, Gedichte, Dramen,
Prosa, Reinbek 1963, S. 104
189 OU, Dramaturgie und Deutung des
Zauberspiels «Spiegelmensch», S. 225
190 E I, Nicht der Mörder ..., S. 208
191 Ebd., S. 191
192 Ebd., S. 261
193 Vgl. S. Freud, Studienausgabe Bd. IX,
Totem und Tabu, Frankfurt 1974, S. 403
194 OU, Autobiographisches, S. 678
195 D I, Bocksgesang, S. 253
196 Ebd., S. 268
197 F. Nietzsche, Werke, hg. von K. Schlech-
ta, Bd. 2, München 1966, S. 340
198 D I, Bocksgesang, S. 269
199 Ebd., S. 316
200 LW, Mond, S. 334
201 LW, Panther-Ballade, S. 352
202 E I, Der Dschin, S. 65
203 LW, Polarballade, S. 346
204 OU, Autobiographisches, S. 677
205 D I, Schweiger, S. 333
206 Ebd., S. 353/354
207 A. Schnitzler, Aphorismen und Betrachtungen, Frankfurt 1967, S. 492
208 F. Kafka, Briefe, Frankfurt 1975, S. 424
209 Unveröffentl. Tagebuchnotiz, zit. nach
H. Binder, Kafka in neuer Sicht, Stuttgart 1976, S. 444
210 LW, Der Kuss, S. 397
211 M. Brod, Streitbares Leben, a.a.O., S. 201

212 M. Brod, Franz Kafka, Frankfurt 1980,
S. 178
213 F. Kafka, Briefe, Frankfurt 1975, S. 482
214 Vgl. H. Politzer, Das Kafka-Buch,
Frankfurt 1965, S. 257; K. Mann, Woher
wir kommen und wohin wir müssen,
München 1980, S. 206
215 SdU, S. 324
216 E I, Die schwarze Messe, S. 83
217 V, S. 41
218 E II, Kleine Verhältnisse, S. 242
219 Brief an G. Hauptmann, o. D., AK
220 OU, Verdis «Don Carlos» und seine
Kritiker (Aus einem Gespräch),
S. 353
221 Vgl. W. Haas, Ein Dichter mit schmel-
zendem Belcanto, in: Die Welt, Nr. 123,
28. Mai 1973, S. 16
222 Brief von W. Haas an H. Doctor (Haas),
25. Juni 1949, Besitz Herta Haas
223 OU, Zemlinsky der Melodiker, S. 346
224 OU, Arnold Schönberg zum 60. Geburtstag, S. 451
225 OU, Ein Bildnis Giuseppe Verdis, S. 361
226 Ebd., S. 394
227 Ebd., S. 396
228 OU, Dramaturgie und Deutung des
Zauberspiels «Spiegelmensch», S. 231
229 OU, Ein Bildnis Giuseppe Verdis,
S. 411
230 Interview mit F. Werfel, vgl. Wiener
Mittagspost, 21. Mai 1920, S. 3
231 V, S. 11
232 OU, Autobiographisches, S. 688
233 Brief an Alma, ca. 1923, UCLA
234 E. Bloch, Literarische Aufsätze, Ge-
samtausgabe Bd. 9, Philosophische Ansicht des Künstlerromans, Frankfurt
1977, S. 269
235 V, S. 491
236 D I, Argument, S. 257
237 SdU, S. 310
238 OU, Tagebucheintragungen, S. 706
239 Ebd.
240 Ebd., S. 707
241 B, S. 365
242 S. Ben-Chorin, Paulus, München 1980,
S. 206; vgl. auch: ders., Bruder Jesus,
München 1977, S. 9
243 Brief an A. Schnitzler, 7. Juni 1926, abgedruckt in: Jahrbuch des Wiener Goe-
thevereins, Bd. 86/87/88, 1982–84,
S. 522 ff
244 Gespräch mit F. Werfel, Was arbeiten
Sie?, in: W. Haas, Die literarische Welt,
Jg. 1926, Nr. 2, S. 1/2
245 Brief von St. Zweig an F. Werfel,
16. September 1926, UPP I
246 S. Freud, Studienausgabe Bd. IX,
a.a.O., S. 534/535
247 Brief an S. Freud, 13. September 1926,
abgedruckt in: B. Urban, Franz Werfel,

Freud und die Psychoanalyse, a.a.O.,
S. 278ff
248 K. Pinthus, Der Zeitgenosse, Marbach
o. J., S. 84/85
249 A, S. 31
250 A, S. 224
251 A, S. 102
252 A, S. 133
253 A, S. 113
254 A, S. 217
255 A, S. 285
256 OU, Glosse zum «Abiturientantag»,
S. 884
257 A, S. 111
258 J. W. Goethe, Hamburger Ausgabe in
14 Bänden, München 1981, Bd. 12,
S. 536
259 A, S. 138
260 A, S. 144
261 E II, Glosse zu «Der Tod des Kleinbürgers», S. 379
262 OU, Theologumena, S. 166
263 E II, Der Tod des Kleinbürgers, S. 55
264 LW, Der göttliche Portier, S. 103/104
265 W Haas, Nachwort zu: Der Tod des
Kleinbürgers, Reclam UB 8268, S. 64
266 E II, Der Tod…, S. 12
267 E II, Glosse zu «Der Tod…», S. 379
268 E II, Der Tod…, S. 18
269 Ebd., S. 41
270 OU, Zum Willensproblem, S. 807
271 E II, Der Tod…, S. 53
272 Ebd., S. 55
273 E II, Glosse zu «Das Trauerhaus»,
S. 387
274 Brief an G. Hauptmann, o. D., AK
275 E. E. Kisch, Werke Bd. V, Hetzjagd
durch die Zeit, Die Geheimnisse des Salon Goldschmidt, Berlin–Weimar 1986,
S 469
276 E II, Das Trauerhaus, S. 197
277 Ebd., S. 206
278 B, S. 18
279 B, S. 239
280 B, S. 400
281 E, S. 581
282 E, S. 579
283 E, S. 481
284 B, S. 552
285 B, S. 561
286 B, S. 570
287 H. von Hofmannsthal, Gesammelte
Werke, Prosa II, Frankfurt 1951, S. 87
288 B, S. 90
289 ML, S. 203
290 OU, Hofmannsthals Tod, S. 428
291 ML, S. 212
292 Brief von Alma an W. Haas, o. D.,
UPP I
293 GvN, S. 92
294 P. S. Jungk, Franz Werfel, a.a.O.,
S. 181

295 GvN, S. 7
296 OU, Gespräch mit Franz Werfel über
«Die Geschwister von Neapel», S. 601
297 Ebd.
298 GvN, S. 32
299 G. W. F. Hegel, Werke in 20 Bänden,
Frankfurt 1970, Bd. 7, Grundlinien der
Philosophie des Rechts, S. 434
300 Ebd., S. 408
301 GvN, S. 33
302 GvN, S. 42
303 OU, Theologumena, S. 191
304 GvN, S. 23/24
305 GvN, S. 111
306 GvN, S. 143
307 GvN, S. 389
308 GvN, S. 270
309 H. L. Goldschmidt, Franz Werfels Ver-
untreuter Himmel, Zürich 1951, S. 10f
310 GvN, S. 368
311 GvN, S. 339
312 GvN, S. 275
313 A. Schnitzler, Briefe 1913–1931, Frankfurt 1984, S. 461/462
314 OU, A. Schnitzler (Gedenkrede), S. 439
315 H. Vierbücher, Armenien 1915, neu hg.
von H. Donat, Bremen 1987
316 Brief an die Eltern, 24. März 1933, zit. n.
E. Goldstücker, Ein unbekannter Brief
von Franz Werfel, in: Austriaca, 1975.
317 A. Rheinländer-Möhl, Umbruch des
Geistes in seiner Auswirkung auf die
literarische Situation der Gegenwart,
nachgewiesen an der zeitbedingten und
artfremden Romankunst Franz Werfels,
Bochum 1936, S. 40 u. 42
318 M. A. Iytschian, Die armenophilen Wel-
len, übers. v. A. Ohandjanian, zit. n.
P. S. Jungk, Franz Werfel, a.a.O.,
S. 396
319 ML, S. 208
320 MD, S. 370
321 OU, Können wir ohne Gottesglauben
leben?, S. 59
322 MD, S. 529
323 Brief von Armin T. Wegner an Franz
Werfel, 10. Januar 1933, UPP I; darin zitiert Wegner aus einem Brief Werfels an
ihn
324 MD, S. 148
325 MD, S. 91
326 L. B. Steinman, Franz Werfel – The
Faith of an Exile, Waterloo/Ontario
1985, S. 77; vgl. auch C. E. Williams,
The Broken Eagle, London 1974, S 77
327 MD, S. 7
328 MD, S. 9
329 MD, S. 30
330 2. Mos. 2, 22
331 MD, S. 32
332 L. B. Steinman, Franz Werfel, a.a.O.,
S. 77

333 F. Brunner, Franz Werfel als Erzähler, Zürich 1955, S. 87–101

334 MD, S. 808

335 MD, S. 809

336 Brief an die Eltern, 24. März 1933, zit. n. E. Goldstücker, Ein unbekannter Brief von Franz Werfel, a. a. O.

337 Vgl. In jenen Tagen, zusammengestellt von F. Berger, Leipzig und Weimar 1983, S. 218–248

338 Brief an die Eltern, zit. n. E. Goldstücker, a. a. O.

339 E III, Cella oder Die Überwinder, S. 101

340 OU, Realismus und Innerlichkeit, S. 28

341 OU, ebd.

342 ML, S. 240

343 Brief von M. Hauptmann an M. Reikus, 9. März 1934, in: G. Hauptmann, Leben und Werk, Ausstellungskatalog, Marbach 1962, S. 186

344 Briefabschrift, 26. Februar 1834, UPP II

345 D II, Der Weg der Verheißung, S. 95

346 B. Brecht, Gesammelte Werke, Bd. 9, Gedichte 2, Frankfurt 1967, S. 505

347 D II, Begleitwort zum «Weg der Verheißung», S. 509

348 Ebd., S. 511/512

349 D II, Der Weg der Verheißung..., S. 95

350 Ebd., S. 97

351 Ebd., S. 130

352 H. Thimig-Reinhardt, Wie Max Reinhardt lebte, Frankfurt 1975, S. 188

353 OU, Realismus und Innerlichkeit, S. 217

354 Ebd., S. 225

355 L. B. Foltin, Franz Werfel, Stuttgart 1972, S. 77

356 LW, Ein Totenpsalter, Litanei von den Zimmern der Verstorbenen, S. 407

357 LW, vgl. S. 405–466

358 E. Lothar, Das Wunder des Überlebens, in: Ausgewählte Werke, Bd. 5, Wien–Hamburg 1960, S. 360

359 OU, Legenden, S. 755

360 Ebd., S. 756

361 Ebd., S. 759

362 Ebd., S. 762

363 Ebd., S. 773

364 OU, Planskizzen, S. 787

365 D II, Der Weg der Verheißung, S. 165

366 Ebd.

367 OU, Von der reinsten Glückseligkeit des Menschen, S. 88

368 OU, ebd., S. 94

369 OU, ebd., S. 97

370 OU, ebd., S. 103

371 OU, ebd.

372 OU, ebd., S. 94

373 J, S. 72

374 J, S. 74

375 J, S. 547

376 J, S. 546

377 J. S. 60

378 H. Mittrovsky, Sonntagnachmittag auf der Hohen Warte, in: Die Presse, 21./22. August 1965, S. 19

379 F. Herr, Nachwort zu «Eine blaßblaue Frauenschrift», Frankfurt 1955, S. 173

380 A. Kantorowicz, Politik und Literatur im Exil, Hamburg 1978, S. 118

381 L. Feuchtwanger, Moskau 1937, Amsterdam 1937, S. 78

382 K. Mann, Der Wendepunkt, Reinbek 1984, S. 323

383 Brief von Max Reinhardt an J. Chapiro, zit. nach: G. Reinhardt, Der Liebhaber, München–Zürich 1973, S. 139

384 OU, Tagebucheintragungen, S. 743

385 OU, Betrachtung über den Krieg von morgen – angestellt im Jänner 1938, S. 304

386 Vgl. C. Zuckmayer, Als wär's ein Stück von mir, Frankfurt 1966, S. 88

387 OU, Tagebucheintragungen, S. 743

388 OU, ebd.

389 Brief an C. Moll, 7. August 1938, DL

390 Brief an E. Polak, 1933, o. D., DL

391 Notizbuch 1932, UPP I

392 LW, Der Neusiedlersee, S. 437

393 E III, Cella oder Die Überwinder, S. 74/75

394 Vgl. S. Wolff (Hg.), Eisenstädter Forschungen, Bd. 1, darin: Die Entwicklung des jüdischen Grabsteins und die Denkmäler des Eisenstädter Friedhofs, Eisenstadt 1922

395 Vgl. D. Grieser, Schauplätze österreichischer Dichtung, München–Wien 1974, S. 144–149

396 Brief von Aladar Fürst an Franz Werfel, 9. Juli 1943, UPP I

397 E III, Cella, S. 89

398 Ebd., S. 264

399 Ebd., S. 406

400 Ebd., S. 416

401 Ebd.

402 Ebd., S. 425

403 Ebd., S. 426

404 Ebd., S. 501

405 Interview mit Franz Werfel in: Nouvelles D'Autriche, No. 1, Februar 1939, S. 12

406 Vgl. R. Neumann, Ein leichtes Leben, a. a. O., S. 60

407 A. Stifter, Kleine Schriften, Leipzig 1940, S. 594

408 Ebd., S. 595

409 ML, S. 281

410 ML, S. 281

411 VH, S. 33

412 VH, S. 191

413 VH, S. 335

414 VH, S. 12

415 VH, S. 187

416 VH, S. 68

417 Brief an E. Polak, 8. August 1939, DL
419 W. Haas, Die literarische Welt, Erinnerungen, a. a. O., S. 200
420 Brief an W. Haas, o. D., DB
421 Brief an E. Polak, 27. April 1940, DL
422 ML, S. 252
423 E II, Eine blaßblaue Frauenschrift, S. 453
424 Ebd., S. 376
425 Ebd., S. 308
426 Ebd., S. 321
427 Ebd., S. 351
428 Ebd., S. 339
429 Ebd., S. 314
430 ML, S. 301
431 SdU, S. 630/631
432 Brief an W. Haas, o. D., DB
433 LvE, S. 7
434 ML, S. 310
435 V. Fry, Auslieferung auf Verlangen, München–Wien 1986, S. 82
436 Ebd., S. 84
437 Brief an die Eltern, 12. Oktober 1940, DB
438 Der Aufbau, 25. Oktober 1940, S. 3
439 Der Aufbau, 18. Oktober 1940
440 G. Grosz, Briefe 1913–1959, Reinbek 1979, S. 250
441 Brief an die Eltern, 6. Dezember 1940, DB
442 L. Marcuse, Mein zwanzigstes Jahrhundert, Zürich 1975, S. 270
443 Brief an Albine Werfel, 20. Mai 1941, DB
444 Brief an Hanna Fuchs-Robetin, 21. Juli 1941, DB
445 OU, Aus einem Radio-Interview, S. 613
446 Ebd.
447 Brief an Hanna und Herbert Fuchs-Robetin, 1942, DB
448 Brief von L. Perutz an F. Werfel, Juli 1944, UPP I
449 Brief von R. Kommer, 18. September 194(2), UPP I
450 LvB, S. 8
451 Th. Mann, Die Entstehung des Doktor Faustus, Frankfurt 1966, S. 55
452 SdU, S. 528
453 Vgl. R. Laurentin, Das Leben der Bernadette, Düsseldorf 1979, S. 56
454 LvB, S. 28
455 LvB, S. 181
456 LvB, S. 363
457 OU, Zum Lied von Bernadette, S. 264
458 J. Maaß, Das begnadete Herz, in: Neue Rundschau, Januar 1946, 2. Heft, S. 143
459 Brief an Ernst Polak, 12. Oktober 1941, DL
460 LvB, S. 486
461 LvB, S. 55
462 Brief an E. Polak, 12. Oktober 1941, DL
463 S. Tracy, My Modest Friend, American Magazin, o. D., übers. v. Verfasser, UPP II
464 LW, Eine Prager Ballade, S. 489
465 Brief an Albine Werfel, 24. Februar 1942, DB
466 Brief an Hanna Fuchs-Robetin, 22. August 1942, DB
467 Brief an E. Piscator, 21. August 1942, UPP II
468 D II, Jacobowsky und der Oberst, S. 280
469 Ebd., S. 303
470 Brief an A. Gerstel, 1917, UPP I
471 D II, Jacobowsky . . . , S. 329
472 Ebd., S. 340
473 Ebd.
474 Zit. nach: G. O. Arlt, Franz Werfel 1890–1945, in: Monatshefte für den Deutschunterricht, 1945, S. 508
475 OU, Theologumena, S. 160
476 Ebd., S. 153
477 Ebd., S. 155
478 Ebd., S. 160
479 SdU, S. 297
480 OU, Theologumena, S. 161.
481 SdU, S. 260
482 Brief von Alma an W. Herzog, 13. Juli 1944, zit. nach: W. Herzog, Menschen . . . , a. a. O., S. 455
483 LW, Totentanz, S. 497
484 Notizzettel, UPP I
485 SdU, S. 42
486 SdU, S. 100
487 SdU, S. 119
488 SdU, S. 23
489 Brief an G. Hauptmann, 10. Januar 1933, AK
490 Th. Mann, Die Entstehung des Doktor Faustus, a. a. O., S. 115
491 SdU, S. 563
492 SdU, S. 570
493 SdU, S. 568
494 OU, Botschaft an das deutsche Volk, S. 626
495 Interview mit F. Werfel, Los Angeles Times, 8. Mai 1945
496 ML, S. 361
497 LW, Eine Stunde nach dem Totentanz, S. 498
498 LW, Der Dirigent, S. 317

Zeittafel

1936	Februar: Rückkehr nach Europa. – Vorbereitungen zum Jeremias-Roman
1937	*Höret die Stimme*, Roman. – 7. Januar: Uraufführung von *Der Weg der Verheißung* im Manhattan Opera House, New York. – 5. Oktober: Uraufführung von *In einer Nacht* im Theater in der Josefstadt, Wien. – Österreichisches Verdienstkreuz für Kunst und Wissenschaft 1. Klasse
1938	Aufenthalt in Capri während der Besetzung Österreichs durch die Hitler-Armee. Flucht nach Sanary-sur-Mer. Schwere Herzattacken
1939	Januar: Präsident des österreichischen Exil-P.E.N.-Clubs. – September: Beginn des Zweiten Weltkriegs. – *Gedichte aus dreißig Jahren*. – *Der veruntreute Himmel*, Roman
1940	Flucht durch Frankreich, Fußmarsch über die Pyrenäen. – Selbstmord des Freundes Walter Hasenclever. – 13. Oktober: Ankunft in New York. Am Jahresende Übersiedlung nach Los Angeles
1941	*Das Lied von Bernadette*, Roman. – *Eine blaßblaue Frauenschrift*, Roman. – 31. Juli: Tod des Vaters in Südfrankreich
1942	Übersiedlung nach Beverly Hills. – Arbeit in Santa Barbara an *Jacobowsky und der Oberst*. – *Die wahre Geschichte vom wiederhergestellten Kreuz*
1943	*Bernadette*-Verfilmung. – Erneut schwere Herzanfälle. Arbeit am Roman *Stern der Ungeborenen* in größter Zurückgezogenheit in Santa Barbara. – 9. Juli: Ehrendoktor der Universität von Kalifornien, Los Angeles
1944	Entstehung der *Theologumena*. – 14. März: Uraufführung von *Jacobowsky und der Oberst* (in englischer Sprache, Bearbeitung: S. N. Behrman) im Martin Beck Theatre, New York
1945	Fertigstellung des utopischen Romans im August. – Tod in Beverly Hills am 26. August

Zeugnisse

Rainer Maria Rilke

... je mehr Anforderung ich von Lesen zu Lesen, an «Hekuba», an den Traum vom alten Lehrer, an «Jenseits», an dem (schweren und doch noch eben schwebenden) «Abend-Gesang» – heranbringe, desto großmüthiger benehmen sich mir diese Verse und beschämen mich beinah durch ihre unerschöpfliche Haltung. Ich hatte seit damals die werfelschen Bücher nicht wieder aufgeschlagen, umso mehr ergreifts mich, daß ich diesem Ton, da er wiederkommt, auf der Stelle und unbedingt recht gebe.

Brief an Hugo von Hofmannsthal, 4. Februar 1914

Arthur Schnitzler

– Mit Werfel fort, der etwas verworren nach seiner Art mir den Communismus zu erklären suchte, ohne selbst irgendwie überzeugt zu sein. – Aber man spürt immer in ihm den Menschen, den Dichter. –

Tagebücher, 22. Dezember 1918

Karl Kraus

Ich würde seinen «knäbischen Gebärden» nachweisen, daß das Ringen mit dem «Vaterkomplex» und sonstigem Judenleid, durch das sich diese Prager Faustusse coram publico hindurchläutern, um aus der Misch- in die Epoche zu gelangen, noch keinen Faust macht.

«Die Fackel», März 1921

Franz Kafka

Sie sind gewiß ein Führer der Generation, was keine Schmeichelei ist und niemandem gegenüber als Schmeichelei verwendet werden könnte, denn diese Gesellschaft in den Sümpfen kann mancher führen. Darum sind Sie auch nicht nur Führer, sondern mehr. (...) und man verfolgt mit wilder Spannung Ihren Weg.

Brief (vermutlich nicht abgeschickt) an Werfel, Dezember 1922

Thomas Mann
Ein *lieber* Mensch – der Name gewinnt Vollgewicht, gewinnt völlig ungemeinen, unalltäglichen Sinn, angewandt auf ihn… Ich habe nie einen begabteren Menschen gesehen. Er strotzte von Begabung. In ihm waren hundert Möglichkeiten des Künstlertums.

«Franz Werfel†», 1945

Friedrich Torberg
Es ist mir nur immer besonders reizvoll erschienen, in der ungeheuerlichen Vielfalt, die da vom Dichter und vom Menschen und vom Freund her auf mich eindrang, nach den geheimen Fäden und Zusammenhängen zu forschen, ihre Komponenten aufeinander abzustimmen und mich immer wieder beglückt zu vergewissern, das es Substanz von derselben Substanz war.

Noch im entlegensten war sie das, noch im scheinbar Gegensätzlichsten. Denn nicht nur konnte es geschehen, daß er dort, wo er am katholischsten zu sein glaubte, jüdisch war – und daß umgekehrt das, was er als sein Bekenntnis zum Judentum gewertet wissen wollte, eigentlich die christliche Aufhebung solchen Bekenntnisses vollzog. Es gab mehr von diesen Promiskuitäten, die sich mit der mathematischen Sicherheit von gegeneinander ausgeglichenen Plus-Minus-Zeichen in der Balance hielten.

«Gedenkrede auf Franz Werfel», 1945

Bibliographie

1. Bibliographien, Hilfsmittel

Als maßgebliche Einführung in die Literatur von und über Franz Werfel, auch mit einer Darstellung der Nachlaß-Situation, sei empfohlen:
FOLTIN, LORE B.: Franz Werfel. Stuttgart 1972 (= Sammlung Metzler Bd. 115)

2. Werkausgaben

Gesammelte Werke. Hg. von ADOLF D. KLARMANN. Frankfurt a. M. 1948–1967 (S. Fischer Verlag)
Gesammelte Werke in Einzelbänden. Hg. von KURT BECK. Frankfurt a. M. 1989ff (Fischer Taschenbuch Verlag)

3. Erstausgaben

Der Weltfreund. Gedichte. Berlin (Axel Juncker) 1911
Der Besuch aus dem Elysium. Leipzig (Herder-Blätter Nr. 3) 1912
Die Versuchung. Ein Gespräch des Dichters mit dem Erzengel und Luzifer. Leipzig (Kurt Wolff) 1913
Wir sind. Neue Gedichte. Leipzig (Kurt Wolff) 1913
Die Troerinnen des Euripides. In deutscher Bearbeitung von FRANZ WERFEL. Leipzig (Kurt Wolff) 1915
Einander. Oden Lieder Gestalten. Leipzig (Kurt Wolff) 1915
Gesänge aus den drei Reichen. Ausgewählte Gedichte. Leipzig (Kurt Wolff) 1917
Der Gerichtstag. In fünf Büchern. München (Kurt Wolff) 1919
Nicht der Mörder, der Ermordete ist schuldig. Eine Novelle. München (Kurt Wolff) 1920
OTTOKAR BŘEZINA: Winde von Mittag nach Mitternacht. In deutscher Nachdichtung von EMIL SAUDEK und FRANZ WERFEL. München (Kurt Wolff) 1920
Spielhof. Eine Phantasie. München (Kurt Wolff) 1920
Spiegelmensch. Magische Trilogie. München (Kurt Wolff) 1920
Bocksgesang. In fünf Akten. München (Kurt Wolff) 1921
Arien. München (Kurt Wolff) 1921
Schweiger. Ein Trauerspiel. In drei Akten. München (Kurt Wolff) 1922
Beschwörungen. München (Kurt Wolff) 1923

ZEICHEN DER ZEIT

1890

*Franz Werfel wird geboren,
aber auch Kurt Tucholsky…*

...Kasimir Edschmid, Frank Thieß und Walter Hasenclever kommen zur Welt und später zu literarischem Ansehen.

Wilhelm II. entläßt Bismarck und tauscht Sansibar gegen Helgoland ein.

Es werden Arbeitgeberverbände gegründet, aber auch die Freien Gewerkschaften haben schon 130000 Mitglieder. Zum erstenmal finden international Maifeiern statt. Den Pfandbrief gibt es seit 121 Jahren.

Pfandbrief und Kommunalobligation

Meistgekaufte deutsche Wertpapiere - hoher Zinsertrag - bei allen Banken und Sparkassen

Verbriefte Sicherheit

OTTOKAR BŘEZINA: Musik der Quellen. Aus dem Tschechischen übertragen von EMIL SAU-
DEK unter Mitwirkung von FRANZ WERFEL. München (Kurt Wolff) 1924
Verdi. Roman der Oper. Berlin–Wien–Leipzig (Paul Zsolnay) 1924
Juarez und Maximilian. Dramatische Historie in 3 Phasen und 13 Bildern. Ber-
lin–Wien–Leipzig (Paul Zsolnay) 1924
Paulus unter den Juden. Berlin–Wien–Leipzig (Paul Zsolnay) 1926
GIUSEPPE VERDI: Briefe. Hg. und eingeleitet von FRANZ WERFEL. Berlin–Wien–
Leipzig (Paul Zsolnay) 1926
Die Macht des Schicksals. Oper in einem Vorspiel und drei Akten. Dem Italienischen des
F. M. PIAVE frei nachgedichtet und für die deutsche Opernbühne bearbeitet von FRANZ
WERFEL. Leipzig (G. Ricordi & Co.) 1929
Gedichte. Berlin–Wien–Leipzig (Paul Zsolnay) 1927
Der Tod des Kleinbürgers. Novelle. Berlin–Wien–Leipzig (Paul Zsolnay) 1927
Geheimnis eines Menschen. Novellen. Berlin–Wien–Leipzig (Paul Zsolnay) 1927
Barbara oder Die Frömmigkeit. Berlin–Wien–Leipzig (Paul Zsolnay) 1929
Simone Boccanegra (G. Verdi). Lyrische Tragödie in einem Vorspiel und 3 Akten. Dem Italie-
nischen des F. M. PIAVE frei nachgedichtet und für die deutsche Opernbühne bearbeitet von
FRANZ WERFEL. Leipzig (G. Ricordi & Co.) 1929
Das Reich Gottes in Böhmen. Tragödie eines Führers. Berlin–Wien–Leipzig (Paul Zsolnay)
1930
Kleine Verhältnisse. Novelle. Berlin–Wien–Leipzig (Paul Zsolnay) 1931
Der Abituriententag. Die Geschichte einer Jugendschuld. Berlin–Wien–Leipzig (Paul Zsol-
nay) 1931
Die Geschwister von Neapel. Roman. Berlin–Wien–Leipzig (Paul Zsolnay) 1931
Realismus und Innerlichkeit. Berlin–Wien–Leipzig (Paul Zsolnay) 1931
Können wir ohne Gottesglauben leben? Berlin–Wien–Leipzig (Paul Zsolnay) 1932
Don Carlos (G. Verdi). Dichtung von J. MÉRY und C. DU LOCLE. Textlich neu gefaßt und unter
Mitwirkung von FRANZ WERFEL für die deutsche Bühne bearbeitet von LOTHAR WALLER-
STEIN. Leipzig (G. Ricordi) 1932
Die vierzig Tage des Musa Dagh. Zwei Bände. Berlin–Wien–Leipzig (Paul Zsolnay) 1933
Der Weg der Verheißung. Ein Bibelspiel. Wien (Paul Zsolnay, Theaterabteilung) 1935
Schlaf und Erwachen. Neue Gedichte. Berlin–Wien–Leipzig (Paul Zsolnay) 1935
Höret die Stimme. Roman. Wien (Paul Zsolnay) 1937
In einer Nacht. Ein Schauspiel. Wien (Paul Zsolnay) 1937
Von der reinsten Glückseligkeit des Menschen. Stockholm (Bermann-Fischer) 1938
Gedichte aus dreißig Jahren. Stockholm (Bermann-Fischer) 1939
Der veruntreute Himmel. Die Geschichte einer Magd. Roman. Stockholm (Bermann-Fischer)
1939
Eine blaßblaue Frauenschrift. Buenos Aires (Editorial Estrellas) 1941
Das Lied von Bernadette. Roman. Stockholm (Bermann-Fischer) 1941
Die wahre Geschichte vom wiederhergestellten Kreuz. Los Angeles (Pacific Press) 1942
Jacobowsky und der Oberst. Komödie einer Tragödie in drei Akten. New York (F. S. Crofts)
1945
Stern der Ungeborenen. Ein Reiseroman. Stockholm (Bermann-Fischer) 1946
Zwischen Oben und Unten. Stockholm (Bermann-Fischer) 1946
Gedichte aus den Jahren 1908–1945. Los Angeles (Pacific Press) 1946
Zwischen Oben und Unten. Prosa – Tagebücher – Aphorismen – Literarische Nachträge. Hg.
von ADOLF D. KLARMANN. München–Wien (Langen Müller) 1975 [nicht identisch mit der
Stockholmer Ausgabe gleichen Titels]
Das Franz Werfel Buch. Hg. von PETER STEPHAN JUNGK. Frankfurt (S. Fischer) 1986 [enthält
u. a. eine Auswahl von Briefen an Gertrud Spirk und Alma Mahler-Gropius]

4. Literatur über Werfel (Auswahl)

ARLT, GUSTAVE O.: Franz Werfel, 1890–1945. In Memoriam. In: Monatshefte, Jg. 37, 1945,
S. 506–509
ARLT, GUSTAVE O.: Werfel as His Translator Saw Him. In: Saturday Review of Literature,
2. März 1946, S. 20–21
BACH, ANNELIESE: Grundzüge der Dichtung Franz Werfels. In: Universitas, Heft 6/1956,
S. 821–828

BEHRMAN, S. N.: People in a Diary: A Memoir. Boston 1972

BINDER, HARTMUT (Hg.): Kafka-Handbuch. Bd. 1: Der Mensch und seine Zeit. Stuttgart 1979

BRASELMANN, WERNER: Franz Werfel. Dichtung und Deutung. Wuppertal 1960

BROD, MAX: Streitbares Leben. München 1960

BRUNNER, FRANZ: Franz Werfel als Erzähler. Diss. München 1955

FOLTIN, LORE B. (Hg.): Franz Werfel 1890–1945. Pittsburgh 1961

FOLTIN, LORE B.: Franz Werfel. Stuttgart 1972

GOLDSTÜCKER, EDUARD (Hg.): Weltfreunde. Konferenz über die Prager deutsche Literatur. Darmstadt 1967

GRENZMANN, WILHELM: Franz Werfel. Im Vorraum der christlichen Welt. In: GRENZMANN, Dichtung und Glaube. Bonn 1950

HAAS, WILLY: Die literarische Welt. Erinnerungen. München 1960

HERZOG, WILHELM: Menschen, denen ich begegnete. Bern–München 1959

JUNGK, PETER STEPHAN: Franz Werfel. Eine Lebensgeschichte. Frankfurt 1987

KELLER, ERNST: Franz Werfel. Sein Bild des Menschen. Aarau 1958

KLARMANN, ADOLF D.: Musikalität bei Werfel. Diss. Philadelphia 1931

KLARMANN, ADOLF D.: Gottesidee und Erlösungsprobleme beim jungen Werfel. In: The Germanic Review, Bd. 14, 1939, Nr. 3

KLARMANN, ADOLF D.: Franz Werfels Eschatology and Cosmogony. In: Modern Language Quarterly, Bd. 7, 1946, Nr. 4

KLARMANN, ADOLF D.: Franz Werfel, the Man. In: The German Quarterly, Bd. 9, 1946, Nr. 2

KLARMANN, ADOLF D.: Das Weltbild Franz Werfels. In: Wissenschaft und Weltbild, 1954, S. 35–48

KLARMANN, ADOLF D.: Franz Werfel und die Bühne. In: The German Quarterly, Bd. 32, 1959, Nr. 2

KLARMANN, ADOLF D.: Einleitung. In: FRANZ WERFEL, Das Reich der Mitte, Graz 1961

KUHLENKAMP, DETLEF: Werfels späte Romane. Seine Kritik an der Rationalität. Frankfurt 1971

MAHLER-WERFEL, ALMA: Mein Leben. Frankfurt 1960

MAIER, BERNHARD: Vater und Sohn. Zur Deutung der Dichtung Franz Werfels. Freiburg 1960

MEISTER, HELGA: Franz Werfels Dramen und ihre Inszenierungen auf der deutschsprachigen Bühne. Köln 1964

POLITZER, HEINZ: Prague and the Origins of Rainer Maria Rilke, Franz Kafka, and Franz Werfel. In: Modern Language Quarterly, Bd. 16, 1955, S. 49–62

PUTTKAMER, ANNEMARIE VON: Franz Werfel. Wort und Antwort. Würzburg 1952

PUTTKAMER, ANNEMARIE VON: Franz Werfel. In: Christliche Dichter der Gegenwart, hg. von HERMANN FRIEDMANN und OTTO MANN, Heidelberg 1955, S. 333–344

RAABE, PAUL: Die Autoren und Bücher des literarischen Expressionismus. Ein bibliographisches Handbuch. Stuttgart 1985

REFFET, MICHEL: Der gelernte Österreicher. Franz Werfel und das österreichische Selbstverständnis. In: Literatur und Kritik, Nr. 207–108, September–Oktober 1986, S. 353–361.

SERKE, JÜRGEN: Böhmische Dörfer. Wanderungen durch eine verlassene literarische Landschaft. Wien–Hamburg 1987

SOKEL, WALTER H.: Der literarische Expressionismus. München 1959

SPALEK, JOHN M. und JOSEPH STRELKA (Hg.): Deutsche Exilliteratur seit 1933. 1. Teil: Kalifornien. Zwei Bände. Bern–München 1976

SPECHT, RICHARD: Franz Werfel. Versuch einer Zeitspiegelung. Berlin 1926

STEINMAN, LIONEL B.: Franz Werfel, the Faith of an Exile. Waterloo/Ontario 1985

STÖCKLEIN, PAUL: Franz Werfel. In: Deutsche Literatur im 20. Jahrhundert, hg. von HERMANN FRIEDMANN und OTTO MANN, Heidelberg 1954, S. 269–287

WILLIAMS, C. E.: The Broken Eagle: The Politics of Austrian Literature from Empire to Anschluß. London 1974

WOLFF, KURT: Autoren, Bücher, Abenteuer. Betrachtungen und Erinnerungen eines Verlegers. Berlin 1965

WOLFF, KURT: Briefwechsel eines Verlegers 1911–1963. Hg. von BERNHARD ZELLER und ELLEN OTTEN. Frankfurt 1966

ZAHN, LEOPOLD: Franz Werfel. Berlin 1966

Namenregister

Über den Autor

Norbert Abels, 1953 geboren, lebt als Dozent, Operndramaturg und Publizist in Frankfurt am Main. Er veröffentlichte zahlreiche musikgeschichtliche Arbeiten über Mozart, Rossini, Verdi, Richard Strauss und B. A. Zimmermann und literaturwissenschaftliche Studien zu J. R. Lenz, Schiller, Büchner, Hugo von Hofmannsthal, Wilhelm Busch sowie kulturkritische Essays. 1982 erschien sein Buch über Arthur Schnitzler «Sicherheit ist nirgends». Darüber hinaus publizierte er filmgeschichtliche Artrikel, Übersetzungen von Opernlibretti und Buchrezensionen.

Quellennachweis der Abbildungen

Agfa Foto-Historama, Köln (Foto: Hugo Erfurth): 6: Sammlung des Autors: 8, 61, 117: Yale Collection of German Literature, Beinecke Library, New Haven: 10/11, 33: Sammlung František Kafka, Prag: 12 o., 12 u.,14 (Foto: J. Einhorn), 37, 43, 82, 88 u.: Pavel Scheufler, Prag: 16: Van Pelt Library, University of Pennsylvania, Philadelphia: 18, 21, 65, 68, 88 o., 105, 123, 127, 132. Sammlung Herta Haas, Hamburg: 22: Aus: Briefe der Expressionisten. Hg. von Kasimir Edschmid. Frankfurt/Berlin 1964: 24: Schiller-Nationalmuseum, Marbach: 29, 55, 72, 75, 77, 112: Aus: Klaus Wagenbach: Franz Kafka. Bilder aus seinem Leben. Berlin 1983: 30: Aus: Stifter-Jahrbuch III. Hg. von Helmut Preidel. Gräfelfing 1953: 38: Historisches Museum der Stadt Wien: 41: Otto Dix-Stiftung, Vaduz: 44, 52: Aus: Hartmut Binder: Kafka in neuer Sicht. Stuttgart 1976: 46: Aus: Alma Mahler-Werfel: Mein Leben. © 1960 Alma Mahler Werfel. Abdruck mit Genehmigung der S. Fischer Verlag GmbH, Frankfurt a. M.: 48: Aus: Alma Mahler Werfel: And the Bridge is Love. London 1959: 50, 101: Aus: Paul Raabe: Die Autoren und Bücher des literarischen Expressionismus. Stuttgart 1985: 58: Klaus Wagenbach, Berlin: 63: Bildarchiv Preußischer Kulturbesitz, Berlin: 67: Bilderdienst Süddeutscher Verlag, München: 69, 71, 93, 94, 109, 125: Aus: Bruno Kisch: Wanderungen und Wandlungen. Köln 1966: 79: Österreichische Nationalbibliothek, Wien: 86: Aus: Johannes Lepsius (Hg.): Deutschland und Armenien 1914–1918. Potsdam 1919, Nachdruck Bremen 1986: 95: Bundesarchiv Koblenz: 99: Aus: «Neue Zeitschrift für Musik», April 1985: 103: Ursula Röhnert, Berlin: 115, 120, 133: Stiftung Deutsche Kinemathek, Berlin: 129: Aus: Peter Stephan Jungk: Franz Werfel. © 1987 S. Fischer Verlag GmbH, Frankfurt a. M.: 135, 142: Aus: Olof Lagercrantz: Von der Hölle zum Paradies. Wiesbaden 1964: 138.

Nachbemerkung

Für ihre Unterstützung bei den Recherchen für diese Monographie danke ich Frau Dr. Herta Haas (Hamburg), Herrn Dr. Walter Grünzweig (Graz) und Herrn Dr. František Kafka (Prag). Meiner Frau Karin Abels, die durch konstruktive Kritik zum Entstehen des Manuskripts beitrug, gilt mein besonderer Dank. Ich widme das Buch unseren Töchtern Hannah und Rebekka.